Vasco Núñez de Balboa; historia del descubrimiento del Océano Pacífico, escrita con motivo del cuarto centenario de su fecha (1913)

Ruíz de Obregón y Retortillo, Angel

BIBLIOLIFE

Copyright © BiblioLife, LLC

BiblioLife Reproduction Series: Our goal at BiblioLife is to help readers, educators and researchers by bringing back in print hard-to-find original publications at a reasonable price and, at the same time, preserve the legacy of literary history. The following book represents an authentic reproduction of the text as printed by the original publisher and may contain prior copyright references. While we have attempted to accurately maintain the integrity of the original work(s), from time to time there are problems with the original book scan that may result in minor errors in the reproduction, including imperfections such as missing and blurred pages, poor pictures, markings and other reproduction issues beyond our control. Because this work is culturally important, we have made it available as a part of our commitment to protecting, preserving and promoting the world's literature.

All of our books are in the "public domain" and some are derived from Open Source projects dedicated to digitizing historic literature. We believe that when we undertake the difficult task of re-creating them as attractive, readable and affordable books, we further the mutual goal of sharing these works with a larger audience. A portion of BiblioLife profits go back to Open Source projects in the form of a donation to the groups that do this important work around the world. If you would like to make a donation to these worthy Open Source projects, or would just like to get more information about these important initiatives, please visit www.bibliolife.com/opensource.

Vasco Núñez de Balboa

HISTORIA DEL DESCUBRIMIENTO

DEL

OCÉANO PACÍFICO

ESCRITA CON MOTIVO DEL CUARTO CENTENARIO DE SU FECHA (1913)

POR

Angel Ruíz de Obregón y Retortillo

BARCELONA

CASA EDITORIAL MAUCCI

Gran medalla de oro en las Exposiciones de Viena de 1903, Madrid
1907, Budapest 1907 y gran premio en la de Buenos Aires 1910

MALLORCA, 166

BUENOS AIRES, Maucci Hermanos, Sarmiento, 1057 al 1065.

A la venerada memoria del
Iltmo. Sr. D. Manuel Ruíz de
Obregón y Reina.

Su amantísimo hijo,

Angel

INTRODUCCION

Entre las innumerables empresas grandiosas y atrevidas llevadas a cabo por los españoles en sus primeras exploraciones por tierras del continente americano, descuella como la más importante de todas, por sus resultados prácticos, como la más memorable por su significación científica y como una de las más atrevidas por su audaz y rápida ejecución, la que vamos a narrar brevemente para honrar y enaltecer la memoria del héroe que la realizó y divulgar su épica hazaña entre los que la desconozcan, a fin de que en el cuarto centenario de la fecha gloriosa en que el éxito coronó su titánica aventura, su nombre esté en boca de todos los españoles y por todos sea aclamado con el

entusiasmo y el respeto, con el cariño y con
la gratitud a que para siempre se hizo acreedor en aquel día en que completó la obra
de Colón en forma tan cabal y tan brillante
como inesperada para el mundo entero.

Después del de las islas y costas orien-
tales de América por Colón y sus compañeros, ningún otro descubrimiento geográfico
se hizo de tanta importancia como el de
Vasco Núñez de Balboa, pues su hallazgo
del Océano Pacífico o Mar del Sur, demos-
tró con toda evidencia que América no formaba parte de Asia, como hasta entonces
se creía, que constituía un gran continente
aparte y que los españoles habían abierto
a la humanidad las puertas de un mundo
nuevo, ensanchando los límites de la tierra
de un modo entonces inconcebible y dando
un avance gigantesco en el conocimiento del
globo terráqueo y en la marcha universal
del progreso y de la civilización, de la cual
fueron los primeros heraldos en aquellas regiones que hoy caminan a la cabeza del
mundo.

La epopeya que comenzó en el Puerto de

Palos el 12 de octubre de 1492 con la partida de las carabelas de Colón, puede decirse que terminó, en su aspecto más transcendental e interesante, el 29 de septiembre de 1513, en las playas del golfo al que Balboa dió el nombre de San Miguel, por ser aquel día el que a este santo dedica la Iglesia, y en cuyas aguas, metido en ellas hasta cerca de la cintura, tomó posesión del nuevo mar en nombre de los reyes de España Don Fernando y Doña Juana.

Ni Balboa ni sus compañeros comprendieron en aquellos momentos todo el inmenso valor de su descubrimiento, por más que le atribuyeron bastante importancia, como lo prueban sus transportes de júbilo, pasada la emoción que les embargó en el primer instante y las ceremonias con que procuraron dar solemnidad al acto y hacerle constar de un modo auténtico.

En España la noticia causó inmensa alegría; pero por razones puramente circunstanciales y de carácter político y económico, ajenas por completo a la importancia y trascendencia verdaderas del descubrimien-

to en sí, como lo eran también los fines que
Balboa iba persiguiendo. Sabido es por todos
que desde que Colón emprendió su primer
viaje, la principal aspiración de todos los
navegantes y aventureros españoles fué encontrar un camino libre y desembarazado
para llegar por occidente a las Indias orien-
tales y poder así compartir fácilmente con
los portugueses la lucrativa explotación de
aquellas tierras, que por entonces monopo-
lizaban éstos. Pues bien, la noticia de la existencia de ese mar encontrado por Balboa,
llevó a todos los ánimos, empezando por el
rey Don Fernando el Católico, la convicción
de que se había dado al fin con la ansiada
vía, y que ésta, por fortuna para España,
estaba situada al oeste de la línea de de-
marcación trazada por el Papa Alejandro VI
en su famosa Bula y, por consiguiente, dentro de las posesiones españolas.

Todos los españoles se sintieron devorados
y espoleados por la fiebre del oro, ante los
relatos y promesas de los enviados de Balboa, que parecían confirmar aquella creen-

cia, como éste y sus secuaces lo habían
sido antes, y lo habían de ser después cuantos pisaran las costas de América, atraídos
por el ejemplo de los primeros y seducidos
por la vista de las inmensas riquezas con-
seguidas por algunos y las fabulosas referencias de todos, que hacían creer literalmente
que el oro y las perlas se podían coger con
redes en los ríos americanos. De ahí que
el rey, deslumbrado por las noticias que
de aquel país recibía constantemente y arrastrado por el entusiasmo y la obsesión generales, diera a aquella nueva región, verdadero país de leyenda, el nombre pomposo
y deslumbrador de *Castilla del Oro*.

Pero nadie supo entonces, ni en España,
ni en el resto del mundo, hacerse cargo de
lo que el descubrimiento de Vasco Núñez
de Balboa tenía de grandioso y de transcendental en sí, ni de lo que significaba para la humanidad entera el hallazgo del nuevo Océano, hasta entonces absolutamente por
todos ignorado, ni de las consecuencias que
tal hecho había de tener para el comercio

y la navegación y para la Geografía, la Astronomía y hasta la Teología misma, y que ponían su significación y sus efectos muy por encima del valor de unas riquezas materiales que de igual manera podían haberse obtenido del nuevo continente, sin llegar jamás a sus costas occidentales y que además, en su misma abundancia y fácil adquisición, habían de traer forzosamente a España el funesto gérmen de su inevitable decadencia y corrupción.

La desmedida y ciega codicia que como una mortal epidemia se extendió por toda la nación y se apoderó de todos los ánimos, fué causa de que una inmensa falange de españoles se aprestase a caer como bandada de aves de rapiña en los nuevos territorios, ansiosa de apropiarse los tesoros que se escondían en su seno, y nadie vió más allá *de esos ríos en que el oro se pescaba con redes,* ni pensó más que en conseguir una parte del botín.

Cuando Pedro Arias de Avila, nombrado gobernador de la Castilla del Oro, pasó re-

vista a las fuerzas que debía llevar consigo
a América, en Sevilla, vió con gran asombro
que en vez de los mil doscientos hombres
que había mandado alistar, tenía a sus órdenes muy cerca de tres mil, la mayor parte ricos y nobles, de los cuales más de dos
mil lograron embarcarse, no obstante la es-
casa capacidad de las naves prevenidas para la expedición y las severas órdenes da-
das en contra por Arias de Avila.

Entretanto, todo el mundo se olvidaba del
descubridor o procuraba postergarle. El rey
se doblegaba a las intrigas de los enemigos
de Balboa, que querían perderle, y víctima
de las envidias y concupiscencias de todos,
en vez de verse recompensado y glorificado
como merecía, se encontró, cuando menos
podía temerlo, envuelto en las mallas de un
insidioso proceso, fruto de rencores y odios
que no supo conjurar y que le convir-
tieron en víctima de su propia grandeza
y mártir de su gloriosa empresa, muriendo
a manos del verdugo a los cuarenta y cuatro años de edad, en medio de la embriaguez

del triunfo y cuando se disponía a realizar nuevas y más grandes empresas.

Sus rivales y enemigos creyeron desembarazarse así de él para siempre; pero el tiempo, con sus justas reivindicaciones, le ha vengado cumplidamente, pues si hoy se guarda todavía memoria de sus verdugos, es para execrar su crimen, y si sabemos sus nombres, es porque los hizo inolvidables para siempre el sacrificio del intrépido y desgraciado navegante extremeño, a quien inmolaron en aras de sus bajas y ruines pasiones.

Hoy, los mares, separados por aquellas tierras, en cuyas marismas y selvas supo abrir por primera vez camino a España el ilustre jerezano, van a ser muy pronto unidos por una magnífica obra de ingeniería, y en el mismo día, cuatrocientos años después, en que Vasco Núñez entró tremolando el pendón de Castilla, en las aguas del mar Pacífico, se mezclarán éstas para siempre con las del Atlántico, y juntas unas y otras, acariciarán con sus olas el pedestal de la es-

tátua que la más grande y poderosa nación
americana va a erigir a nuestro héroe, a la
entrada del canal de Panamá, para rendirle
el homenaje que merece y perpetuar el recuerdo de su titánica empresa de una manera ostensible y digna de aquel grandioso
y memorable acontecimiento histórico.

I

Está completamente fuera de duda que el
célebre navegante y descubridor del Mar del
Sur, u Océano Pacífico, Vasco Núñez de Balboa, era natural de esta hermosa y simpática ciudad de Jerez de los Caballeros, en
la que se escribe ahora esta breve relación
de sus proezas, para rendirle el debido homenaje con motivo del cuarto centenario de
la fecha de aquel suceso.

'Además de la tradición constante y nun-

2

ca hasta ahora contradicha, (1) lo comprueba el unánime testimonio de todos los cronistas e historiadores de Indias, algunos de ellos contemporáneos suyos, que le conocieron personalmente, y así lo aseveran sin vacilaciones ni dudas. Confírmanlo asimismo algunos datos indirectos que constan en los libros de actas y acuerdos concejiles que se conservan en el archivo municipal de esta ciudad. Pero noticias directas y datos exactos acerca de la fecha y lugar de su nacimiento, nombres, calidad y posición de sus padres, etc., etc., no se encuentran por ninguna parte. Los libros parroquiales de aquella época han desaparecido, y en ningún otro do-

(1) En estos días, y con ocasión de investigaciones realizadas con motivo de la celebración del centenario del descubrimiento del Pacífico, se empieza a discutir este punto con algún interés por los historiadores. No hace mucho he tenido ocasión de ver una carta particular en la que se asegura que Vasco Núñez era natural de Belalcázar (Córdoba), por haberse encontrado recientemente en el Archivo de Indias de Sevilla un rol o lista de embarque, en el cual consta que en 1511 embarcó para América un tal Vasco Núñez, nacido en aquel pueblo, pero como consta de un modo indudable que Balboa partió de Sevilla con Bastidas en 1501 y no volvió jamás a España y también que en 1510 acompañó a Enciso en su desgraciada expedición por el continente americano, resulta evidente que este es otro Vasco Núñez que nada tiene que ver con el célebre descubridor del Mar del Sur y que sólo se trata de una mera coincidencia de nombres.

cumento oficial de sus tiempos figura el nombre de Vasco Núñez de Balboa, ni el de nadie a quien poder atribuir su paternidad. Unicamente, entre las actas del Ayuntamiento del año 1517, hay una en que figura entre los capitulares un «Gonzalo Núñez de Balboa», que bien pudiera ser un hermano del descubridor, quien consta tuvo además otros dos llamados Alvaro y Juan.

Se tiene también por cierto que Vasco Núñez nació en el año 1475, y en efecto, al hablar de él el cronista Antonio de Herrera, con motivo de la expedición del Bachiller Enciso, que fué en el año 1510, dice que tenía entonces Balboa treinta y cinco años, y cuando lo vuelve a nombrar, relatando los sucesos de 1515, asegura que sería hombre de unos cuarenta años.

Salió de Jerez muy joven, y según se cree generalmente, bastante pobre. Entró al servicio de don Pedro Portocarrero, señor de Moguer, oriundo también de Jerez y acaso pariente suyo, y a su lado continuó hasta que en 1501 le abandonó para marchar a América.

El rumor popular en esta ciudad señala la
casa número 12 de la calle de la Oliva como
el hogar nativo de Balboa, pero aparte de
que no hay datos en que apoyar seriamente
esta afirmación, sobre la puerta de dicha
casa hay una inscripción que dice: «Año
de MDCCXIII,» y esta fecha, si fuese la de
la construcción del edificio, desmentiría rotundamente semejante hipótesis; por lo cual,
es preciso ponerla en duda, mientras no sea
posible esclarecerla cumplidamente.

En cuanto a sus prendas personales y condiciones de carácter, Antonio de Herrera dice «que era muy bien entendido y sufridor
»de trabajos, hombre de mucho ánimo, pru-
»dente en sus resoluciones, muy generoso con
»todos, discreto para obrar, tan hábil para
»mandar a los soldados, como intrépido pa-
»ra conducirlos a la pelea, en la que nunca
»vacilaba en ocupar el puesto de mayor pe-
»ligro». Y añade, pintándole físicamente, que
«era bien alto y dispuesto de cuerpo, de bue-
»nos miembros y fuerzas, y de gentil rostro
»y pelo rubio». Pedro Mártir, otro de sus
cronistas, le llama «egregius digladiator». Las

Casas, por último, repite casi literalmente
lo dicho por Herrera, y concluye afirman-
do que «Dios le reservaba para muy grandes cosas.

*

Siguiendo el ejemplo de todos los españoles pobres y ambiciosos de aquellos días,
contaminado por la fiebre del oro y atraído por la seducción de lo desconocido, Balboa se alistó entre la gente que reclutaba Rodrigo de Bastidas para equipar dos carabelas, con las que se proponía ir a América,
en busca de fortuna, con la cooperación del
célebre piloto Juan de la Cosa. Partieron de
Sevilla en octubre del año 1501, y tras una
feliz travesía, arribaron a las costas del Nuevo Mundo y las recorrieron y exploraron
detenidamente desde el Cabo de la Vela hasta el puerto de Nombre de Dios. Bastidas
trató a los indígenas de los varios sitios en
que desembarcó con su gente, con dulzura

y habilidad, y logró comerciar con ellos y recoger, a cambio de algunas baratijas y mercancías de poco valor, gran cantidad de oro y perlas. Pero desgraciadamente, por el desconocimiento absoluto en que estaban de aquel litoral, dieron en unos arrecifes de los que sólo con gran trabajo lograron salir y no sin que las naves sufrieran averías de importancia. Consiguieron, por fin, luchando con muchos peligros y dificultades, llegar a la Isla Española; pero allí les esperaban contratiempos mayores, si bien de otro género muy diferente.

Era a la sazón gobernador de la Isla don Francisco Bobadilla, hombre codicioso y sin escrúpulos, el cual prendió a los náufragos y secuestró las embarcaciones con su rico cargamento, a pretexto de que comerciando sin su permiso en aquellas regiones, habían delinquido gravemente, en contravención y perjuicio de los privilegios que a él le había concedido el Monarca. Por fin consintió en dejarlos en libertad, pero sin devolverles el oro, ni las perlas, que se apropió sin la menor aprensión, a condición de que habían de volverse inmediatamente a España.

A punto de embarcar, Balboa solicitó autorización para permanecer en la isla en calidad de colono, y la obtuvo fácilmente, así como una concesión de terrenos y de esclavos, porque joven y desconocido como era, no despertó el menor recelo en el ánimo del suspicaz gobernador. Pero carecía casi totalmente de recursos, y en esas condiciones, le había de ser muy difícil abrirse camino para el logro de sus ambiciones. Apenas pudo ir viviendo penosamente algún tiempo y no tardó en verse en una situación verdaderamente enojosa y comprometida. La audacia y el ingenio con que supo aprovechar una coyuntura inesperada y favorable, para acometer nuevas empresas, más en harmonía con su carácter y aspiraciones, le permitieron salir de aquel precario estado, alejándose clandestinamente de Isla Española y dando así el primer paso en el azaroso y brillante camino que había de recorrer ya sin tregua hasta el fin de sus días, alcanzando señalados triunfos con sus hazañas y

conquistando en épica lid la inmortalidad
para su nombre y gloria y riquezas sin cuento para su patria.

Varios navegantes españoles habían recorrido y explorado ya, como Bastidas y Cosa, el litoral del continente americano, procurando trabar relaciones y tráfico con los
indígenas; pero ninguno había hasta entonces
intentado establecerse de un modo perma-
nente en él. En 1509, Alonso de Ojeda y Diego Nicuesa coincidieron en solicitar del rey
a un mismo tiempo, permiso para fundar
una colonia en tierra firme. El rey, para
complacer a ambos, dividió imaginariamente
en dos provincias la parte del continente por
ellos señalada, concediendo la oriental a Ojeda y la occidental a Nicuesa. Los dos llegaron casi a la vez a Santo Domingo, y no pudiendo entenderse para obrar unidos y de
común acuerdo, emprendieron separadamen-
te, y casi enemistados, la conquista y colonización de sus respectivos territorios.

Ambas expediciones fracasaron. Ojeda, después de luchar contra los indios con suerte
varia, pero casi siempre adversa, fundó el

centro de operaciones de su futura colonia
en el golfo de Uraba o del Daríen, bajo
la advocación de San Sebastián; pero ase-
diado por los indios continuamente, llegó a
verse muy apurado por la falta de víveres.
Decidió ir en persona a buscar refuerzos
y vituallas, y después de mil novelescas pe-
ripecias, falleció en Santo Domingo, tan pobre, que fué enterrado de caridad.

Nicuesa no fué más afortunado. Tras de algunas tentativas infructuosas, fundó Nombre
de Dios, y se fortificó lo mejor que pudo para resistir a los indios. Pero sitiado por éstos, perdió en pocos días cerca de trescien-
tos hombres, y los demás, heridos unos y
enfermos otros y todos hambrientos y medio desnudos, no hubieran tardado en su-
cumbir, sin la llegada oportuna de unos cuantos compatriotas que iban en busca de Nicuesa, para ofrecerle el gobierno de la nueva y cercana colonia de Santa María del
Daríen, y que los salvaron llevándoselos consigo.

Para socorrer a Alonso de Ojeda, organizó una expedición en Santo Domingo el ba-

chiller Martín Fernández de Enciso. Costóle gran trabajo reclutar la gente que necesitaba, porque el gobernador de la isla prohibió que se embarcaran los que tuvieran alguna deuda pendiente, circunstancia que concurría precisamente en la mayor parte de aquellos que por su misma situación apurada estaban más dispuestos a tentar aventuras y podían haber sido los más útiles por su ambición y su arrojo para los planes de Enciso.

Las precauciones tomadas en cumplimiento de dicha orden fueron tales, que nadie logró eludirlas más que Vasco Núñez, quien se valió para ello de una estratagema más atrevida y peligrosa que ingeniosa y original. Ayudado por no se sabe quién, se hizo conducir a bordo dentro de una barrica, que con otras varias fué descendida a la cala, sin que nadie sospechase su contenido, burlando de ese modo la estrecha vigilancia que se ejercía sobre las naves de Enciso.

Cuando el barco llegó a alta mar, Balboa salió de su escondite y se presentó a Enciso, que en el primer momento le acogió muy mal, llegando a amenazarle con que le abandonaría en la primera isla desierta que encontrase en su camino. Pero después, reflexionando con calma, habiendo oído asegurar a alguno de sus hombres que Balboa podía serles muy útil por su valor y su destreza en el manejo de las armas, y comprendiendo que para su empresa convenían hombres como aquel intruso, resuelto y ambicioso, le admitió gustoso a su servicio, dándole un puesto de preferencia en las filas.

Y de ese modo, teatral y picaresco, digno de un Gil Blas o un Guzmán de Alfarache, comenzó Vasco Núñez de Balboa su camino de aventuras y de titánicas y legendarias empresas.

Enciso no fué más afortunado que Ojeda y Nicuesa. Naufragó a la vista de Cartagena de Indias, y un centenar de sus hombres perecieron al desembarcar, en una emboscada que les tendieron los indios. Abatidos y descorazonados los restantes, se disponían a regresar a Santo Domingo, abandonando a su suerte a los restos de la partida de Ojeda y renunciando, al menos por

el momento, a sus propósitos de colonización, cuando Balboa, más animoso y resuelto
que todos sus compañeros, y que algo conocía aquellas regiones por el viaje que por sus
costas había hecho anteriormente en compañía de Bastidas, les arengó con calor y
entusiasmo, aconsejándoles que no desistie-
ran tan pronto, ante los primeros obstáculos
que se les presentaban, de una empresa que
podía resultar al fin tan brillante y prove-
chosa y que era en realidad menos difícil
de lo que parecía, y les ofreció, si estaban
dispuestos a seguir adelante, guiarles a la
desembocadura del río Daríen, en el golfo
de Uraba, donde podrían situarse estraté-
gicamente y dominar una comarca muy sa-
na y fértil, en la que había oído referir a
los indios que abundaban las minas de oro
y cuyos habitantes, si bien eran valientes
y aguerridos, no usaban armas emponzoña-
das, y era por tanto, para los españoles, muy
fácil el vencerlos y subyugarlos.

Aceptada por todos sin vacilar esta proposición de Vasco Núñez, algunos días más
tarde llegaban a la boca del río Daríen.

En la margen de éste habitaba un cacique llamado Cemaco, quien, al ver llegar
las naves españolas, hizo poner en salvo,
en la espesura de un bosque próximo, a las
mujeres, niños y ancianos de la tribu, y re-
uniendo a los hombres luego, se situó con
ellos en lo alto de una colina inmediata,
dispuesto a hacer frente a los invasores.

Al ver el número y la actitud de los indios,
y, temiendo, no obstante las seguridades que
sobre ello les daba Balboa reiteradamente,
que usasen flechas envenenadas, proyectiles
que infundían a los españoles verdadero pánico por sus terribles y rapidísimos efectos, se encomendaron a Dios e hicieron voto
solemne de que si vencían en aquella ocasión,
la primera fundación que hiciesen se deno-
minaría de Santa María de la Antigua, en
honor y señal de gratitud a la Virgen que
con ese nombre se venera en la catedral de
Sevilla, y a la cual, además, consagrarían
un templo nuevo en el centro del poblado.

Confortados así por la oración y la fe y
alentados por el ejemplo de Balboa, que apenas acabaron de rezar se lanzó, seguido de

otros tres o cuatro, hacia la colina en que
se habían refugiado Cemaco y sus indios,
acometieron a éstos prontamente y con arrojo y decisón, matanido a muchos y haciendo huir a los demás al bosque en que se habían refugiado las mujeres y los niños.

Lograda tan pronta y feliz victoria, que
ni uno solo de los españoles fué herido en
ella, entráronse en el pueblo de los indios
y lo hallaron completamente desierto, pero muy bien provisto de vituallas, entre las
que encontraron también algunos objetos de
oro, toscamente labrado.

En aquel mismo emplazamiento, si bien
destruyendo las viviendas indias y construyendo otras nuevas, fundaron Enciso y los
que con él iban, una población, a la que, cum-
pliendo su voto, pusieron solemnemente y
con gran ceremonia el nombre de Santa María de la Antigua del Daríen, y que había
de ser el teatro de muchos de los subsiguien-
tes sucesos de este episodio histórico.

II

Destitución de Enciso y expulsión de Nicuesa.—
Balboa, gobernador del Darién.—La conquista del
oro.—Expedición a Dobayba.

Con esta primera proeza, adquirió Balboa
indiscutible ascendiente sobre todos sus compañeros, quienes reconocían de buen grado
que a él se debía el éxito de la empresa y,
lo consideraban como el verdadero fundador de la nueva colonia del Darien. Apre-
ciábanle además por su discreción y su carácter resuelto y generoso, tanto como aborrecían a Enciso por su arrogancia y su
duro despotismo.

No tardó, pues, Balboa en ser moralmen-
te el dueño de la colonia y el verdadero jefe
de aquel puñado de valientes que no pudien-

do soportar la tiranía de Enciso, empezaron a conspirar contra él, acechando el momento de rebelarse abiertamente, para destituirle y poner el mando en manos de Balboa.

El mismo Enciso les dió pronto ocasión propicia para realizar sus deseos, dictando, llevado de su codicia desmedida, una orden por la que prohibía a los colonos, bajo pena de muerte, el tráfico de oro con los naturales del país, reservándoselo para sí exclusivamente. Entonces, Balboa y sus secuaces convinieron en despojar de su autoridad a Enciso, a pretexto de que no podía ejercerla allí legítimamente, como enviado o delegado de Ojeda, por hallarse situada Santa María del Darién en tierras de la jurisdicción de Nicuesa, y eligieron para alcaldes de la villa a Núñez de Balboa y Juan Zamudio.

No todos quedaron conformes y satisfechos con tal mudanza. Algunos eran partidarios de Enciso, y excitados por éste, trataban de reponerle en el mando y más de una vez estuvieron ambos bandos a punto de venir a las manos. Para evitarlo, propuso al-

guien que se reconociese como jefe a Diego
Nicuesa, puesto que la colonia radicaba en
el territorio que había sido concedido a éste
por el rey Pero esta solución descontentaba
por igual a los secuaces de Enciso y a los
de Balboa, cada vez más distanciados y más
obstinados en recabar el mando para su respectivo caudillo.

En tal sazón, llegó a Santa María un navío
español, mandado por Rodrigo Enríquez de
Colmenares, que iba costeando en busca de
Nicuesa, al que llevaba algunos soldados y
gran repuesto de víveres y de municiones.
Al desembarcar, empezó por hacer una dis-
tribución general y espléndida de provisiones,
con lo que se captó las simpatías y buena voluntad de todos. Después, enterado de las
discordias que perturbaban la colonia, logró convencer a todos fácilmente de que debía resolverse aquel conflicto reconociendo
y acatando la jefatura y señorío de Nicuesa,
toda vez que se hallaban dentro de su propia jurisdicción, y en su nombre habían de-

puesto a Enciso como usurpador de sus fueros y privilegios.

Convenida esta solución lógica y legítima del conflicto por una gran mayoría, Balboa hubo de someterse y envió una embajada a Nicuesa ofreciéndole el gobierno de Santa María y rogándole que no tardase en acudir a posesionarse de él.

Los enviados de Balboa encontraron a Nicuesa en la miserable y comprometida situación en que le dejamos en el capítulo anterior, al referir su expedición y su llegada fué verdaderamente providencial para él. Pero era un hombre tan soberbio, violento e indiscreto, que al darle cuenta aquéllos de su misión, les contestó que inmediatamente partiría para Santa María, y que en llegando, había de castigar severamente a todos, por haberse establecido allí y haber comerciado con los indios sin su permiso, confiscándoles todas las riquezas que hubieran adquirido e imponiendo las penas más graves a los que no se sometieran de buen grado.

Asustados los representantes de Vasco Núñez al oir estas manifestaciones, volvieron

a toda prisa al Daríen y refirieron públicamente lo sucedido, con lo cual, los habitantes
de Santa María, justamente indignados y resueltos a defenderse a todo trance, resol-
vieron no dejar desembarcar a Nicuesa, y,
cuando éste llegó allí, se vió obligado a permanecer a bordo, en vista de la actitud hostil con que era recibido.

Pero como los de Santa María temiesen,
fundadamente, que Nicuesa, no pudiendo tomar tierra, zarpara en busca de refuerzos
con que poder someterlos y apoderarse por
la fuerza de la ciudad y de sus riquezas,
discurrieron una estratagema para apoderarse de él. Hiciéronle creer que estaban ya
dispuestos a recibirle y acatarle, y en cuanto estuvo en tierra, le acometieron, no pudiendo cogerle porque huyó prontamente, y
Vasco Núñez, temeroso de que le asesinasen,
impidió que le persiguieran.

Nicuesa, que huyó tierra adentro, envió a
decir que si no le querían como gobernador,
le admitieran al menos como vecino y colono, y en último caso, como prisionero, pues
mejor quería vivir preso entre ellos, que mo-

rir en los bosques, víctima del hambre, de las fieras, o de los indios.

Por fin, unos cuantos lograron apoderarse de él y le obligaron a embarcar de nuevo, en un barco pequeño y viejo que apenas podía navegar, intimándole a que abandonara el país sin dilación, y el día 1.º de marzo de 1511 hubo de partir el desgraciado gobernador en un mal bergantín, con diecisiete hombres que voluntariamente quisieron seguirle, sin que jamás se volviese a saber nada de ellos.

Con la expulsión de Nicuesa renacieron las disensiones entre los parciales de Balboa y de Enciso, más enconadas e irreductibles que nunca, forzando a los dos a entablar una lucha encubierta, de intrigas y asechanzas, en la que pronto quedó derrotado el segundo, pues Balboa, ejerciendo sus funciones de alcalde, procesó a Enciso y le confiscó los bienes, inculpándole de haber ejercido jurisdicción ilegítimammente y de conspirar contra su autoridad y la de Zamudio; pero queriendo mostrarse benigno y generoso, le puso en libertad, a condición de que se em-

barcase en el primer navío que se diera a la
vela para España.

Temeroso de las consecuencias que pudiera acarrearle su conducta con Nicuesa y Enciso, y deseando además ejercer el mando
en la colonia por entero, sin compartir su autoridad con nadie y con entera libertad de
acción, comisionó a Zamudio para que viniese a España a dar cuenta al rey de la
fundación de Santa María del Daríen y solicitar la confirmación real del poder que
les habían conferido sus compañeros, y también a contrarrestar en lo posible el efecto
de las quejas y acusaciones que no dudaban
presentarían contra ellos Nicuesa y Enciso,
pues si bien del primero no había noticias,
todavía no se creía que hubiera perecido.
Así, pues, en el mismo barco salieron para
España Enciso y Zamudio, dispuestos a seguir luchando hasta el fin y a no perdonar
medio ni recurso para obtener la victoria.

Libre ya Balboa de rivales y competidores, bien pronto empezó a demostrar con sus
actos su gran pericia militar, su animoso
corazón, sus dotes de gobierno y su discre-

ción y habilidad para ganarse las voluntades
de todos, lo mismo de los colonos, que de
los indios, con los que procuraba mantener
buenas relaciones para que le facilitasen las
provisiones necesarias para el abasto de la
plaza y le trajesen oro abundante, que era
lo único que apetecían y codiciaban los españoles.

Ese desordenado apetito de oro, que fué
la nota caracterítica y el principal móvil de
todas las exploraciones y conquistas empren-
didas por los españoles en América, dando
lugar a que el nuevo continente fuese rápidamente invadido y sojuzgado casi en su
totalidad por nuestras armas, mientras España se despoblaba, se empobrecía y se des-
moralizaba, esa ciega codicia que suscitó continuamente entre los conquistadores luchas
repugnantes y los impulsó con frecuencia a
ejecutar actos verdaderamente abominables,
empañando en más de una ocasión el buen
nombre y la gloria de los más esclarecidos
y heróicos capitanes y rebajando siempre el
mérito de sus gallardas hazañas, estuvo varias veces a punto de causar la perdición de

Balboa y los suyos y el fracaso de su empresa, produjo entre ellos graves discordias, y fué, a mi parecer, el verdadero motivo del desastroso fin de nuestro héroe; pero pronto veremos cómo fué también la causa primordial del descubrimiento del Pacífico y el estímulo que dió alientos bastantes a Vasco Núñez y sus compañeros para llevar a feliz término una empresa que, de otro modo, tal vez ni siqueira hubieran intentado jamás acometer.

Merced a la habilidad y a los desvelos de Vasco Núñez, reinaba, como he dicho, una buena armonía entre los invasores y los indios de las proximidades de la colonia, que por una parte temían a los españoles, y por otra estaban muy satisfechos de su tráfico con ellos. Unicamente el cacique Cemaco, dueño y señor absoluto de aquel lugar hasta entonces, odiaba a los españoles, no les perdonaba el despojo y la humillación que le habían infligido, y sólo pensaba en vengarse y en expulsar o exterminar a sus enemigos. Enterado del ansia con que los españoles buscaban por doquier el oro, hizo que algu-

nos indios les dieran noticias del mucho que
había en la región llamada Dobayba, dis-
tante de allí unas treinta leguas, con el propósito de atacarles en cuanto se internaran
en los bosques, fiado en que el desconocimiento de éstos por los españoles, su impene-
trable espesura, favorable a los indígenas y,
la gran superioridad numérica de la gente
que había logrado reunir, le proporcionarían
una fácil y decisiva victoria. Vasco envió como explorador a Francisco Pizarro, el futuro conquistador del Perú, con unos cuantos
hombres. Sorprendidos por Cemaco, lograron defenderse con éxito, matando e hirien-
do a gran número de indios; pero quedaron
también ellos heridos casi todos, y juzgaron
lo más prudente regresar a Santa María.

Algunos días después, decidió Vasco Núñez salir en persona, con cien hombres escogidos, a explorar por la comarca, y guiado
por un español que había vivido con los indios algún tiempo, llegó al pueblo de Coyba,
residencia de un cacique llamado Careta,
quien le acogió con cortés hospitalidad, pero al pedirle Vasco Núñez provisiones para

la tropa, le contestó que no podía dárselas, por hallarse su pueblo en la mayor miseria, a consecuencia de la guerra que venía sosteniendo hacía mucho tiempo con otro cacique vecino llamado Ponca.

Fingió Balboa conformarse y marcharse para continuar su camino; pero al llegar la noche, volvió, y atacando al pueblo por tres partes a la vez, hizo prisionero a Careta con toda su familia, se apoderó de muchas provisiones y algún oro que encontró y regresó a Santa María.

Para recuperar su libertad y la de sus hijos y mujeres, pactó Careta con Balboa ser siempre su amigo, y en prenda de ello le ofreció por esposa una hija suya, que dicen era una mujer muy hermosa, de la cual Balboa llegó a enamorarse, según aseguran los historiadores de aquella época, apasionadamente, tratándola siempre con gran cariño y consideración, y dejándose influir por ella en ocasiones algo más de lo que le hubiera convenido.

Aceptó Balboa con satisfacción las amistosas proposiciones de Careta, le puso inmediata-

mente en libertad con todos los demás prisioneros, y después de unos días de descanso, durante los cuales Careta formó una
fuerte columna con sus mejores guerreros,
se dirigieron ambos en son de guerra al poblado de Ponca. Este, noticioso del grave
peligro que le amenazaba, se internó con toda su tribu en los bosques vecinos, y Vasco
y Careta, al encontrar el pueblo abandonado,
lo saquearon, recogiendo abundante botín, lo
incendiaron y se retiraron seguidamente, el
uno a Coyba y el otro a Santa María.

Al poco tiempo dispuso Balboa una nueva expedición, con el fin de llegar a Dobayba, cuyas inmensas riquezas tanto oía de con-
tínuo ponderar a los indios, que entre otras
muchas cosas referían que había allí un templo lleno de tesoros incalculables, acumu-
lados durante varios siglos por la piedad generosa de varias generaciones. Después de
algunas penosas jornadas y de sostener varias escaramuzas sin importancia con los indios, llegaron al territorio de otro cacique
llamado Alibeyba, el cual residía en una población muy extraña, que sin duda por es-

tar situada en terreno pantanoso e inundado frecuentemente por las aguas de unas lagunas inmediatas, no se asentaba en el suelo, sino sobre las copas de los árboles, desde las cuales descendían a tierra sus moradores por medio de escalas de mano hechas de bambú y bejucos.

Al ver llegar a los españoles los habitantes de aquel pueblo aéreo, retiraron las escalas y se encastillaron en sus viviendas, de las que tan sólo consiguió Balboa que saliesen, cortando y quemando algunos de los troncos más corpulentos en que se apoyaban. Registró después todos aquellos «nidos» y la poca parte del suelo que era transitable, y en ningún sitio halló oro ninguno, ni el menor vestigio del famoso templo, del que nadie allí supo o quiso darle razón ni noticias.

Hallándose indeciso Vasco Núñez sobre lo que haría para no volverse de la expedición con las manos vacías, supo por unos prisioneros, que lo revelaron a la hija de Careta, que Cemaco había convencido a otros cinco caciques, de los recientemente vencidos y ex-

poliados por Balboa, de que juntos podrían
vencerle y matarle o arrojarle del país por
lo menos, y que a ese fin habían reunido
cinco mil hombres y cien canoas y se disponían a sitiar a Santa María, por mar y
por tierra y a tratar de sorprender a Balboa
en los bosques, cortándole la retirada hacia Santa María y el mar.

En vista de ello, se encaminó al Daríen,
a toda prisa, y después de tomar allí algunas
medidas urgentes y prevenir lo necesario para la defensa de la plaza, al frente de sesenta hombres cayó sobre el pueblo de Cemaco, donde no encontró a éste; pero cogió
prisioneros a varios parientes suyos y ma-
tó a otros, llenando de pánico a los indios.
Entretanto, Colmenares, con otros sesenta soldados, entró en el pueblo de Tichirí, en el
que encontró todas las armas y vituallas que
preparaban los indios para el asedio de Santa María, apoderándose de ellas y de algunos jefes guerreros, a los cuales los hizo
decapitar en presencia de todos los demás,
saqueando luego el pueblo y llevándose prisioneros a todos sus habitantes.

Así quedó conjurado el peligro y sometida la comarca por el momento, gracias al arrojo y rapidez con que acudieron los españoles a prevenirlo, cortando de raíz la tentativa de Cemaco.

No quiso, sin embargo, Vasco Núñez, aleccionado por lo ocurrido, proseguir sus exploraciones tierra adentro, sin dejar antes bien consolidada su dominación en todo aquel litoral, y para ello pactó de nuevo con los caciques recién vencidos las condiciones de paz y mútuo trato, obligándoles a reconocer la soberanía del rey de España y por mediación de su amigo y aliado Careta, logró además atraerse la amistad de otro cacique vecino, uno de los más ricos y poderosos, llamado Comagro, con el que hasta entonces no había tenido relación ni contacto alguno y cuyo primogénito fué quien puso a Balboa en camino de realizar el gran descubrimiento que inmortalizó su nombre, de la manera que se verá en el capítulo siguiente:

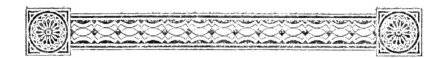

III

Primeras noticias que tuvo Vasco Núñez de Balboa sobre el Mar del Sur.—Fragmentos de una carta de Balboa al Rey de España.—Expedición en busca del país del oro y del mar desconocido.

Cuenta el cronista Herrera que deseoso Balboa de trabar amistad con el cacique Comagro, fué a visitarle, y que éste, acompañado por sus siete hijos y sus principales súbditos, le salió al encuentro y le hospedó en su casa con el mayor agasajo. Entre los presentes con que obsequiaron los indios a los españoles en aquella ocasión, fué el más valioso el que les hizo el hijo mayor de Comagro, consistente en setenta esclavos y piezas de oro por valor de cuatro mil pesos. Después de apartar la cuarta parte, que corres-

pondía a la Corona, al tratar de repartir
entre todos lo demás, se produjeron grandes disputas y riñas enconadas entre algunos. Al verlo el hijo de Comagro, donante
del tesoro, les reconvino duramente por su
codicia, diciéndoles que ya que tanto apetecían el oro, que por él abandonaban su
patria, sufrían grandes trabajos, mataban y
ofendían a gentes pacíficas, y, finalmente,
reñían entre sí con tanto arrebato y coraje,
podían ir a adquirirlo, en abundancia tal,
que acabarían por no estimarlo en nada, a
un país no muy lejano, donde abundaba tanto, que sus habitantes comían y bebían en
vasijas de ese metal.

Enterado Vasco Núñez de lo ocurrido, di-
rimió la cuestión del reparto, distribuyendo
las piezas de oro por su mano entre sus hombres, y después interrogó minuciosamente al
hijo de Comagro sobre aquel país a que había aludido al tratar de poner paz entre los
españoles.

Entonces, por primera vez, supo Balboa
que hacia el Sur de la comarca en que se
encontraba había otro mar como el Atlánti-

co, que los habitantes de sus orillas nave-
gaban por él en barcos más pequeños que
los de los españoles, y que siguiendo la costa de ese mar en dirección al sudeste, se
llegaba en pocas jornadas a una región habi-
tada por gentes aguerridas, gobernada por
reyes y caciques poderosos y en la cual abundaban de un modo fabuloso el oro y las perlas.

Parece que estas noticias se referían al
Perú, y es curioso advertir que entre los
huéspedes de Comagro se encontraba Francisco Pizarro, bien ajeno sin duda entonces de pensar que aquel país desconocido
y casi mítico para los españoles, había de
ser muy pronto teatro de sus hazañas y pedestal de su fama.

En los días que aún permaneció en el pueblo de Comagro, Vasco Núñez se dedicó en
un todo, y empleando cuantos recursos le
sugirió su ingenio, a agradar y conquistar
a sus nuevos amigos, a fin de obtener de
ellos cuantas noticias tuvieran sobre aquel
ignoto océano y sobre los maravillosos países de sus orillas, a los cuales, desde el pri-

4

mer momento en que oyó hablar de ellos,
se había propuesto llegar, atraído y deslumbrado por los informes del hijo de Comagro,
aun a costa de los mayores trabajos y penalidades, así como también toda clase de pormenores acerca de la ruta que debía seguir,
tierras que habría de atravesar, pueblos y caciques que encontraría en su camino, y todo, en fin, cuanto le hacía falta saber para
preparar tamaña empresa y llevarla a cabo
felizmente.

Cada vez más seducido por la idea de realizar esta magna expedición y fundar en la
ignota costa otra colonia, hermana gemela
de Santa María, apenas regresó a ésta, terminados sus tratos de amistad y alianza con
Comagro, se dedicó en absoluto a estudiar y
coordinar todos los datos que había podido
adquirir sobre el nuevo mar y sus riberas,
para trazar su plan y disponer los medios
necesarios, con objeto de ponerla por obra
sin dilación; pero pronto comprendió que los
elementos con que contaba no eran suficientes para su ejecución; y no queriendo exponerse imprudentemente a un fracaso que

podía dar al traste para siempre con el fruto de la árdua labor realizada y que de todos modos sería para él harto funesto y bochornoso, decidió aplazarla por algún tiempo y solicitar del rey el auxilio necesario.

Como además ya hacía más de un año que Zamudio había partido para España y todavía no se habían recibido noticias de él, y, como, por último, algunos de sus compañeros de armas, díscolos y ambiciosos, murmuraban contra él, discutiendo todos sus actos y poniendo en duda la legitimidad de su mando, no obstante haberle otorgado recientemente el título de Adelantado de Santa María del Daríen, el Tesorero Real en Santo Domingo, Miguel de Pasamonte, pensó Balboa que sería lo más conveniente venir él mismo a España para afirmar y consolidar de un modo definitivo su situación personal y obtener la protección del rey para sus planes, después de demostrarle la importancia y gran conveniencia de una expedición al Sur con objeto de descubrir el nuevo mar y los países limítrofes, en que tanto abundaba, según las referencias de los indios, el por todos codiciadísimo oro.

Pero apenas dió a conocer su proyecto públicamente, todos a una, amigos y enemigos, se opusieron a él, alegando que Vasco Núñez era el único capaz de dirigir y gobernar la colonia, por el respeto y temor que infundía a los indios y la gran estimación en que le tenían casi todos los españoles.

En vista de lo cual, y comprendiendo que su ausencia podía tener malas consecuencias para la colonia y para sus propios intereses personales, Balboa decidió al cabo confiar la misión de ver al rey, en su nombre, y recabar la real protección para su persona y sus proyectos, a dos de sus más adictos y fieles amigos, Juan de Caicedo y Rodrigo Colmenares, a quienes entregó una carta para el monarca, refiriéndole cuanto había hecho desde la fundación de Santa María, comunicándole cuantas noticias tenía sobre el Mar del Sur y sus tierras, y exponiéndole sus planes, para cuya ejecución solicitaba, entre otras varias cosas, el envío de unos mil hombres.

Esta carta, cuya autenticidad no he podido comprobar directamente, pero que varios historiadores modernos publican como tal, entre ellos Navarrete y Quintana, es curiosa por su estilo rudo y candoroso y por lo claramente que refleja el espíritu y carácter de su autor.

Por su mucha extensión, y porque repite varias veces en distintas formas los mismos pensamientos y observaciones, tan sólo reproduzco a continuación algunos fragmentos, que me parecen los más interesantes.

«...Quiero rendir cuenta a V. A. de los gran-»des secretos y maravillosas riquezas que hay »en este país, del que Dios Nuestro Señor »os ha hecho dueño a Vos y me ha reserva-»do a mí, vuestro humilde vasallo, el honor »de descubrirle el primero, favor por el que »todos los días le doy fervientes gracias y »alabo su Santo Nombre. Yo me considero »por ello el hombre más afortunado que ja-»más nació.»

«Y puesto que Dios ha querido que por »mi mano se asentasen tales cimientos, yo

»suplico a V. 'A'. me permita llegar al térmi-
»no de un viaje tan importante. Y me atrevo
»a suplicároslo, Señor, porque sé que de ello
»sacaréis gran provecho y que, con la ayuda
»de Dios, por mi actividad y mi celo podré
»llevar adelante este asunto, de tal suerte,
»que Vos seréis muy bien servido. Para ello,
»Vuestra Alteza debe ordenar, por de pron-
»to, que se me envíen cuando menos qui-
»nientos hombres de la Isla Española, a fin
»de que con ellos y los que tengo aquí (todo
»lo más cien hombres útiles para la guerra)
»pueda yo proveer a lo necesario, internarme
»en el país y llegar al mar que dicen hay
»por la parte del mediodía.»

«Como yo no he revelado a mis compañe-
»ros todo lo que sé sobre este punto, y sólo
»se lo he referido superficialmente, el se-
»creto y la verdad de todo es lo que escribo
»a V. A....»

«En esta provincia del Darién se han encontrado muchas minas y oro en gran abun-
»dancia. Hay también veinte o treinta ríos
»que arrastran oro... Remontando durante
»treinta leguas el gran río de San Juan, se

»encuentra a la derecha la provincia de Aba-
»numaqué, riquísima también en oro. Ten-
»go sobre ella noticias ciertas que me han
»dado los indios. Remontando el río Grande
»veinte leguas, se encuentra a la izquierda
»un afluente muy bello y muy grande. Si se
»remonta éste durante dos días, se penetra
»en el territorio del cacique Dobayba. Este
»es un gran señor, dueño de un territorio ex-
»tenso y bien poblado. Tiene mucho oro en
»su casa y, no obstante, esto no se sospe-
»charía si no se estuviera al corriente de
»las cosas de este país...»

«...Muchos indios que los han visto me ase-
»guran que Dobayba posee ciertos cestos de
»oro, de los que cada uno equivale a la carga
»de un hombre. Este cacique guarda todo
»el oro que le traen de la montaña, he aquí
»cómo: a dos jornadas de allí se extiende una
»tierra muy buena; pero poblada por indios
»feroces, que se comen los hombres que pue-
»den capturar. No reconocen ningún señor,
»ni obedecen a nadie. Tienen muchas mi-
»nas, que me han dicho son las más ricas
»del mundo. Están estas minas en un país

»en que se alza una montaña que parece ser
la más alta del mundo.»

«. Hace dos años que no se ha visto su
»cima más que dos veces, porque está siem-
»pre cubierta por las nubes.. Dos jornadas
»separan al cacique Dobayba de estas mi-
»nas, en las que se recoge el oro sin trabajo,
»y esto es de dos maneras diferentes. La
»más sencilla es esperar la crecida de los to-
»rrentes, y cuando luego vuelven a secarse
»sus cauces, queda el oro al descubierto;
»es el agua la que lo arranca en granos muy
»gruesos del interior de la montaña Dicen
»los indios que algunos son gruesos como na-
»ranjas, y otros semejan planchas planas Hay
»otra manera de recoger el oro se espera a
»que las hierbas del monte estén bien secas
»y se les prende fuego, y cuando acaban de
»arder, se le busca entre las cenizas..»

«.. El cacique tiene una gran fundición en
»su casa y cien esclavos trabajando conti-
»nuamente Yo sé todo esto de una manera
»cierta, porque no me ocupo de otra cosa
»por donde quiera que voy...»

«...A una jornada de marcha de Pocorosa

»se yerguen magníficas montañas; son unas
»sierras desnudas, sin arboledas, ni más que
»algunos bosquecillos junto a los torrentes
»que bajan de la cima. Hay allí caciques que
»tienen oro en gran cantidad y lo guardan en
sacos, como si fuera maíz...

«...De esas montañas parten grandes lla-
»nuras hacia el Sur, y los indios aseguran
»que el otro mar está a tres leguas de allí.
»Los indios de Comagro atribuyen a los ca-
»ciques del otro mar tan fabulosa riqueza
»en oro, que pensando en ello el que los es-
»cucha, se siente fuera de sí...»

«...Aseguran que hay oro en todos los ríos
»de la otra vertiente, en gran cantidad.»

«...Dicen que los habitantes de la otra ver-
»tiente son pacíficos e inclinados al comer-
»cio. Afirman que por el otro mar se puede
»navegar hasta en canoa, porque es de or-
»dinario apacible y no entra jamás en furor
»como este otro Océano. Creo que debe ha-
»ber en él muchas islas. Se dice también
»que se encuentran en él muchas y muy grue-
»sas perlas; que los caciques poseen gran-

»des cestos llenos de ellas y que todos los
»indios y las indias poseen algunas...»

«...El río que va desde el pueblo del ca-
»cique Comagro al otro mar, antes de llegar
»a él se divide en tres brazos, y cada uno
»de ellos tiene su desembocadura particu-
»lar. Se dice que por el brazo que entra en
»el mar más a poniente, llegan canoas lle-
»nas de perlas, para cambiarlas o venderlas
»a Comagro, y por el que desemboca al Le-
»vante, entran las que vienen cargadas de
»oro, con el mismo fin, lo que es realmente
»cosa increíble e inaudita...»

«Puesto que Nuestro Señor os ha hecho
»dueño de una tierra tan grande y tan rica,
»Vuestra Alteza no debe olvidarlo; pero es
preciso también, Señor, que me enviéis gen-
»te. Yo me comprometo, con la ayuda de
»Dios, a descubrir países tan ricos y en los
»cuales se encontrará tanto oro, que se po-
»drá comprar una parte del universo...»

«...Para el mejor éxito de estas empresas,
»yo deseo haceros saber, Señor, lo que es
»conveniente y necesario ordenar por el mo-

»mento... Lo primero es que vengan mil hom-
»bres de la Española, pues los que viniesen
»de Castilla no servirían de nada mientras
»no estuviesen aclimatados... Después, es pre-
»ciso que esta tierra sea bien provista de
»víveres... Hay que procurar construir aquí
»embarcaciones pequeñas, propias para los
»ríos, y para esto se necesita pez, remos, ve-
»las, etc. Vuestra Alteza ordenará asimismo
»que se nos envíen doscientas ballestas fa-
»bricadas con cuidado.. y que no pesen más
»de dos libras... Necesitamos también dos do-
»cenas de buenas bombardas de bronce, por-
»que las de hierro se dañan y destruyen con
»la humedad. Hace falta también buena pól-
»vora. Es preciso construir una fortaleza en
»el Darien, y se hará lo más fuerte que sea
»posible, porque esta tierra está muy pobla-
»da y los indígenas nos son hostiles. Otra
»se debe levantar en las minas de Tuba-
»nama, porque también allí hay muchos in-
»dios. Por ahora estas fortalezas no podrán
»hacerse de fábrica, sino con empalizadas
»de madera, muy sólida, rellenas de tierra
»bien apisonada...»

«...Como en estos momentos los colonos en-
»vían a pedir ciertos favores a V. A., con-
»vendría, Señor, que se los otorgáseis en su
»mayor parte, porque redundaría en vuestro
»mejor servicio... En cuanto al oro que po-
»seen los indios, y que pasará a nuestro po-
»der, por trueque o por guerra, conviene a
»vuestro Real servicio que dispenséis a los
»colonos el favor de no os pagar más que
»el quinto de todo. La causa porque esto
»conviene a Vuestra Alteza, es que la obli-
»gación actual de pagar la cuarta parte, les
»hace ir a las expediciones con desaliento y
»hacer la guerra con repugnancia, porque
»la fatiga es excesiva, y prefieren sacar el
»oro de las minas que hay cerca de aquí
»en abundancia, con tal de no exponer las
»vidas en la pelea... Yo prometo a V. A. que
»entonces se sacarán cantidades mucho ma-
»yores que ahora, y al mismo tiempo se ex-
»plorará y descubrirá el país como Vuestra
»Alteza lo desea..»

En el resto de la carta repite varias veces
Balboa las mismas noticias que da en los

párrafos copiados, y vuelve a sincerarse y
a excusar su conducta con Enciso y Nicuesa, procurando justificarse y desvanecer en
el ánimo del rey las prevenciones que supo-
ne debe tener contra él por los informes de
Enciso y sus amigos.

Después de extenderse sobre este tema, pidiendo al rey justicia, y que le defienda y
apoye contra sus numerosos enemigos, hace
una petición tan original, en términos tan
ingenuos, que no puedo resistir al deseo de
copiar ese párrafo, no obstante ser completamente extraño a nuestro asunto, por lo bien
que retrata en pocas palabras un aspecto
curioso, aunque muy conocido y divulgado
por nuestros escritores clásicos, del parasi-
tismo picaresco español de aquellos tiempos.

«Ruego—dice,—a V. A. que ordene que nin-
»gún Bachiller en Derecho o en otra Cien-
»cia, a excepción de la Medicina, venga ja-
»más a estas comarcas, bajo pena de un gra-
»ve castigo, pues no viene aquí uno que no
»sea un demonio... y no sólo son malos en
»sí mismos, sino que además enseñan el mal

»a los demás, y tienen mil medios de multi-
»plicar las discordias y los pleitos.»

Y termina fechándola en Santa María de
la Antigua, de la provincia del Darién, el
jueves 21 de enero de 1513.

Poco después de haber enviado esta carta
al rey, tuvo Vasco Núñez noticias de Zamudio, anunciándole el mal éxito de sus ges-
tiones en la Corte. Las quejas de Enciso
contra Vasco Núñez por haberle despojado
violentamente del mando, y los cargos que
le hacía por la muerte de Diego Nicuesa,
fueron atendidos como merecía, y en su consecuencia se condenó a Balboa a que indem-
nizase a Enciso en debida forma, y se le
procesó por la desaparición de Nicuesa, que-
dando la causa pendiente de sentencia hasta
oir sus descargos.

Balboa, enojosamente sorprendido por estas nuevas, no se amilanó, y decidido a conjurar el peligro que le amenazaba y a salir airoso de aquel conflicto, consiguiendo
que en definitiva se resolviese en favor suyo,
yo, determinó precipitar los acontecimientos

y emprender sin más dilación su magna expedición al Sur, para borrar pronto con algún hecho ruidoso y brillante aquellos lunares de su pasado y hacerse acreedor a la gratitud del rey, que se vería obligado a recompensarle, y para ello habría de empezar por declararle limpio de culpa y horro de castigo, con lo cual confundiría a sus enemigos y se sobrepondría a ellos para siempre.

Harto sabía Balboa lo muy árdua y arriesgada que era aquella empresa, así acometida, sin preparación ni elementos suficientes; pero forzado a ello por las críticas circunstancias en que se encontraba, prefiriendo cien veces morir gloriosamente a verse destituído y castigado, humillado ante todos, compadecido por sus amigos y vejado por sus enemigos, no tardó en ponerse en movimiento, desde que supo el mal rumbo que llevaban sus asuntos en la corte, más que los días extrictamente precisos para escoger y equipar doscientos hombres y decidirlos a seguirle, arrebatándolos de entusiasmo con una elocuente y vibrante arenga y haciéndoles creer a ojos cerrados que en pocos días, y sin gran trabajo, serían dúeños de los más grandes y hermosos tesoros de la tierra.

IV.

Odisea de Balboa y su gente a través del istmo americano.—Descubrimiento del nuevo mar desde los Andes.—Llegada a sus playas.—Toma de posesión del Mar del Sur por Vasco Núñez de Balboa, en nombre de los Reyes de España.

Nada más fácil hoy que pasar del Atlántico al Pacífico. Ni los intrincados bosques vírgenes, ni las pantanosas y mefíticas marismas, ni los gigantescos y escarpados Andes, presentan al viajero el menor obstáculo en su marcha, ni le ocasionan la más ligera incomodidad. Desde Colón o Aspinwal a Panamá, se puede ir en pocas horas, cómodamente instalado en un vagón de ferrocarril y el cruce del istmo se reduce a un rápido

5

viaje de negocios o una breve excursión de
recreo.

Muy pronto será aún más cómodo y sencillo el acceso de uno a otro océano. Cuando quede abierto al tráfico universal el canal que está próximo a inaugurarse, los más
grandes buques pasarán de mar a mar, sin
interrumpir su marcha, y los viajeros podrán desde la toldilla ver desfilar ante sus
ojos, como en un cinematógrafo, el maravi-
lloso panorama de aquellas comarcas donde hace cuatrocientos años un puñado de
españoles llevó a cabo, con sencillo herois-
mo, una de las más grandiosas empresas que
la humanidad ha realizado en el transcurso
de los siglos.

Hoy, para salvar la distancia que separa
ambos mares, basta con dejarse conducir pa-
sivamente, pensando cada cual en sus asuntos y quejándose tal vez los más exigentes
de las molestias del viaje y de las malas
condiciones de los medios actuales de trans-
porte.

Pero hace cuatrocientos años, ante aquel
puñado de audaces aventureros, que se lan-

zaron a ciegas en lo desconocido, impulsados
por su codicia, arrastrados por la fe en su
atrevido caudillo y confiados en la protección de la Divina Providencia, se presentaba un vasto territorio, poco menos que inac-
cesible a la planta del hombre; mejor dicho, del europeo, para el cual todo allí, desde el clima, hasta los más pacíficos y civi-
lizados de sus habitantes, era hostil e in-
hospitalario.

Una enorme cadena de montañas colosa-
les erguía en el horizonte su imponente masa como un valladar inexpugnable, dispuesto a cerrar el paso a los invasores, si es que
conseguían llegar hasta él, salvando los innumerables obstáculos que habían de inter-
ponerse en su camino, no por más ocultos
y solapados que los Andes menos formida-
bles y difíciles de salvar.

A decir verdad, en el itinerario improvisa-
do de aquella expedición todo era un puro
y perenne obstáculo, que a cada momento
exigía de Balboa y su gente esfuerzos verdaderamente titánicos y ponía constantemente a prueba su valor y su tenacidad invenci-

bles. Aquellos ríos, aquellas marismas, aquellos bosques y aquellas montañas, estaban de tal modo repletos de dificultades, peligros y asechanzas para los españoles, que, repito, fué un verdadero milagro que llegasen sanos y salvos al fin, y conseguirlo de la manera sencilla y triunfal que ellos lo hicieron, constituye una proeza de tal magnitud, que a mi juicio no la supera, ni aun la iguala ninguna otra de cuantas registra la historia.

Fué aquella jornada una grandiosa epopeya digna del canto de un Homero, y es para mí incomprensible que ningún poeta castellano haya intentado inmortalizar su nombre, esculpiendo en versos imperecederos este magnífico y sublime episodio de la conquista de América, pues no creo que haya asunto ni tema alguno más digno de hacer vibrar las liras de los poetas, ni empleo más adecuado para el lenguaje harmonioso y sonoro de la poesía, que estos hechos excepcionales, por los que sus autores se elevan tan por encima de los demás hombres que se convierten en verdaderos semidioses.

Por las razones anteriormente expuestas,
acometió Vasco Núñez su empresa precipitadamente y sin disponer apenas de los elementos más indispensables para llevarla a
cabo con probabilidades de éxito. Pero como
hacía largo tiempo meditaba de continuo sobre ella y la había estudiado y analizado con
todo detenimiento hasta en sus más míni-
mos pormenores, pudo rápidamente trazarse
un plan conveniente y adecuado a las circunstancias, que le permitiera utilizar pro-
vechosamente los medios de acción con que
contaba y reducir al menor límite posible
los riesgos y eventualidades adversas que en
todo caso, siempre le habría sido imposible
evitar por completo.

Por esa razón, más aún que para rehuir
la penosa y arriesgada travesía de las lagunas y marismas que cubren todo el terreno por donde corren los trece brazos en
que se divide el río Atrato poco antes de
desembocar en el mar, en cuyos remolinos
y bancos de enmarañadas plantas y raíces
acuáticas sabía por experiencia Balboa que
podría fácilmente fracasar su empeño al em-

pezar la jornada, decidió ir embarcado, costeando, hasta la residencia de su amigo y semi suegro Careta, del que se prometía obtener un eficaz auxilio en hombres y provisiones, para emprender ya desde allí, con los refuerzos que de su aliado consiguiera y por lugares algo menos intransitables y peligrosos, el camino directo, tierra adentro, por el cual se proponía llegar en atrevidas y breves jornadas a las auríferas orillas de aquel mar desconocido, en cuyas aguas, como en las de un nuevo Jordán, esperaba purificarse y redimirse de sus faltas pasadas, que tanto pesaban en su conciencia y cuyas funestas consecuencias tanto temía.

Embarcóse, pues, con su pequeño ejército expedicionario en un bergantín y nueve grandes canoas, y en uno de los primeros días de septiembre de 1513 se dió a la vela con dirección a Coyba.

Allí dejó algunos de sus hombres para que guardasen las embarcaciones y le pudiesen servir, en caso necesario, de reserva y de apoyo en la retirada, y en cambio nutrió sus filas con unas cuantas docenas de indios,

fuertes y aguerridos, que puso a su disposición Careta para que le sirviesen de guías,
le abriesen camino a través de la selva, le
auxiliasen en todas las necesidades del viaje, y, si era preciso, luchasen a su lado, como amigos y aliados, contra las tribus que
pretendieran oponerse al paso de la columna.

Entonces puede decirse que empezó realmente la expedición con todos sus peligros y
dificultades, que aumentaban sin cesar a medida que los conquistadores avanzaban en
su marcha. Entonces aquel grupo de ambiciosos temerarios tuvo que emprender una
lucha encarnizada y tenaz, verdaderamente
titánica, contra todo cuanto les rodeaba, pues
todo les era adverso, todo se oponía a su avance, cerrándoles el paso con incesantes obstáculos y amenazando sus existencias con todo género de riesgos y asechanzas.

Cierto que los indios que les acompañaban
les eran sumamente útiles y que gracias a
ellos se salvaban fácilmente muchos inconve-
nientes y se vencían no pocas dificultades.
Delante de la columna iban algunos abriendo
paso, con hachas y machetes que les dió

Balboa, a través de la espesísima maleza que
ocultaba el suelo y de la intrincadísima red
de parásitas y trepadoras que colgando de
los árboles, les envolvía por completo en sus
apretadas mallas, buscando hábilmente la ruta que convenía seguir, evitando los malos
pasos, flanqueando los pantanos y marismas,
peligrosísimos, por ser casi invisibles para
ojos inexpertos, rehuyendo el encuentro con
las fieras o dándolas muerte antes de que
pudieran atacar a la columna, y eligiendo
para acampar los parajes más apropiados y
seguros. Cazaban también con sus arcos dies-
tramente, en cuya tarea les ayudaban algunos de los españoles, y recogían al paso
los abundantes y sabrosos frutos comestibles
del bosque, que preferían para su alimentación a toda otra clase de vituallas.

Pero no podían evitar que el calor y el
peso de sus armaduras abrumase a los españoles, que el sol los abrasara, que los in-
sectos los devorasen y que las fiebres y la
disentería los aniquilasen; no podían impe-
dir que algunos cayesen rendidos y que otros
sufriesen graves percances, ineludibles en tan

esforzada y azarosa marcha por lo más recóndito e intrincado de aquellas selvas, en las que tantos exploradores han encontrado después la muerte y que aún hoy no son nada fáciles de cruzar, a pesar de los caminos que se ha pretendido trazar en ellas y que la exhuberantísima vegetación tropical cierra apenas abiertos.

No obstante, merced a su energía y a la gran sugestión que ejercía sobre su gente, consiguió Balboa llegar con bastante rapidez, y sin sufrir muchas bajas, al pueblo del cacique Ponca, donde se proponía descansar y dejar otro destacamento que le guardase las espaldas; pero habiendo sabido que se aproximaban los españoles, y suponiéndoles intenciones hostiles, todos los habitantes del poblado, con Ponca a la cabeza, huyeron a los bosques inmediatos.

Instaláronse los españoles en las viviendas abandonadas por los fugitivos, para reponerse de las fatigas y quebrantos sufridos, y Balboa, atento a la ejecución de su plan con escrupulosa exactitud, único modo de conseguir que no se malograse su empresa, prohibió a los suyos terminantemente, bajo pena de la vida, que saqueasen el pueblo, como se proponían hacerlo, siguiendo su costumbre de invasores codiciosos, ni aún tomasen siquiera más víveres de los indispensables para sustentarse en el día, y envió a Ponca un mensaje diciéndole que venía a visitarle porque quería ser su amigo y pactar con él una alianza para guerrear juntos contra otros caciques enemigos de ambos, y que a tal efecto, deseaba verle en seguida.

Acudió Ponca presuroso al llamamiento, y tras él fueron llegando todos sus vasallos, tranquilos y contentos al ver la actitud pacífica y amistosa de los españoles, y para demostrarles su satisfacción y su afecto, les colmaron de atenciones y les brindaron generosa hospitalidad.

Con su acostumbrada habilidad, supo Balboa ganarse la voluntad y la confianza de Ponca, tan bien, que al conocer éste sus propósitos, le comunicó cuanto sabía sobre los territorios que habían de atravesar los expedicionarios, especialmente sobre la cordillera de los Andes, desde cuyas altas cimas

podrían ya contemplar «el mar del otro lado»
en toda su magnífica grandeza y una gran
extensión de tierra, la más rica del mundo
en minas de oro, y le dió además abundantí-
simas provisiones y algunos hombres para
que se las porteasen y le sirviesen de guías
en su ascensión por las montañas.

Vasco Núñez correspondió a los valiosos
obsequios de Ponca, regalándole a su vez
una porción de vistosas baratijas y repar-
tiendo entre sus allegados algunos cuchillos
y hachas de hierro, dispuso que se volvie-
sen a Coyba los indios de Careta y algunos
españoles que estaban enfermos, y reanudó
la marcha el 20 de septiembre, en dirección
a los ya próximos Andes, que aparecían en
el horizonte cada vez más elevados e impo-
nentes.

Esta segunda parte de la marcha fué todavía más difícil y penosa que la primera,
pues para llegar a las primeras estribaciones
de las montañas, era preciso antes cruzar
varios ríos profundos y rápidos, infestados
de caimanes y peces caribes y que había
que pasar en toscas y endebles balsas, en

las que era muy fácil zozobrar, o bien por
algún dificultoso vado, conocido apenas por
los mismos indios, metiéndose en agua y barro hasta la cintura y corriendo el riesgo
de ser arrastrado por la corriente o cogido al
paso por algún caimán en acecho, sufriendo
las mordeduras de los voraces peces caribes
y llevándose con el agua y el cieno los gér-
menes de la fiebre, que era uno de sus peo-
res y más encarnizados enemigos.

En cuatro días sólo pudieron avanzar unas
diez leguas, pero al cabo de ellas tuvieron
la satisfacción de verse fuera de aquel dé-
dalo de ríos, arroyos y canales, y se encontraron en un terreno montañoso y abrupto,
pero despejado y fácilmente transitable, an-
dando por el que llegaron pronto al territorio
del poderoso y temible (para los demás re-
yezuelos indios, que le temían y respetaban
sobremanera) cacique Cuareca, enemigo irre-
conciliable de Ponca, el cual salió al encuentro de los españoles, al frente de un
gran número de indios armados de arcos,
lanzas y mazas, y los amenazó con no dejar uno vivo si se obstinaban en seguir ade-

lante. Viendo que los españoles no hacían ningún caso de sus advertencias y amenazas, se lanzó sobre ellos, seguido de sus feroces guerreros, dando todos en bárbara competencia, enormes saltos y grandes alaridos, que a su parecer debían producir en el enemigo un espantoso pánico.

La descarga de algunos mosquetes bastó para dispersarlos y ponerlos en precipitada fuga, pues sin duda el ruido de los disparos y los certeros efectos de algunos, les hicieron creer que los blancos disponían a su antojo del trueno y del rayo para exterminar a sus enemigos.

Para asegurar la victoria, ordenó Vasco Núñez que su gente persiguiese sin cuartel a los vencidos, y de ese modo mataron en poco tiempo a más de seiscientos, entre ellos el mismo Cuareca, hirieron a muchos más y cautivaron a unos cuantos. Parte de esta hecatombe fué obra de los *perros bravos* que utilizaban los españoles en América como animales de guerra, uno de los cuales, perteneciente a Balboa, y llamado Leoncico, se hizo célebre por su ferocidad con los indios y

por el terrible miedo que llegaron a tenerle
éstos.

El pueblo de Cuareca estaba situado al
pié del alto pico andino, desde cuya cumbre habían de ver el mar los expedicionarios. Vasco Núñez ardía en deseos de tre-
par a su cima sin dilación; pero sus hombres estaban materialmente deshechos por las
fatigas del viaje y las enfermedades que los
diezmaban, y no tuvo más remedio que apla-
zar por unos días la anhelada ascensión, para
que su hueste se rehiciese un tanto. Aun
así, no pudo reunir más que sesenta y siete
hombres útiles, de los doscientos que salieron de Santa María, veinte o veintidós días
antes

Dejó allí a los enfermos y heridos y se
volvió a poner en camino, al frente de los
pocos que estaban en condiciones de acompañarle, al amanecer del día 26 de septiembre. Hacia las diez de la mañana salieron
de la selva que cubría las laderas de la montaña, que iban escalando en su parte más
baja, y se encontraron en un terreno árido
y pedregoso, que formaba la cumbre de aquel

pétreo coloso, uno de los mayores de la cordillera. A poco camino más, señalaron los guías una eminencia escarpada y solitaria desde la cual era ya visible el mar del Sur. Vasco Núñez, que quería ser el primer español que lo contemplase, como su verdadero descubridor, mandó hacer alto y subió solo al pico designado por los indios

Apenas hubo llegado, cuando ante sus deslumbrados ojos apareció en toda su inmensidad majestuosa el gran Océano Pacífico. Sin parar mientes en el también grandioso panorama terrestre que se extendía a sus pies, cayó de rodillas y alzó la mirada y las manos al cielo, como en señal de admiración y reconocimiento.

Al ver esta elocuente actitud de Vasco Núñez, que era una verdadera plegaria muda, comprendieron los españoles que estaban a la vista de aquella ansiada tierra de promisión que iban buscando, pues el mar nuevo era para ellos lo de menos, y se abrazaron, llorando de alegría, y dando estentóreos gritos, aclamaron a su esclarecido y victorioso jefe. Un sacerdote que se encon-

traba entre ellos, Andrés Vara, entonó el «Te-
deum», y todos le corearon con piadoso entusiasmo. A continuación derribaron un árbol, hicieron con él una tosca cruz y la cla-
varon sobre un montón de piedras; graba-
ron en las cortezas de otros los nombres de
los reyes de Castilla y de Aragón, y dieron
tales señales de júbilo y de entusiasmo, que
los indios que los contemplaban en silencio, aunque no los entendieran, debieron adi-
vinar la grandeza de la interesante escena
histórica de que eran testigos.

Andrés Valderrábano, notario real y secretario de Balboa, redactó un acta (1) consig-

---

(1) He aquí el texto de ese curioso documento:
«Los caballeros, hidalgos y hombres de bien que concurrieron
»al descubrimiento del mar del Sur a las órdenes del muy noble
»señor capitán Vasco Núñez de Balboa, gobernador de Santa Ma-
»ría y Adelantado de Tierra Firme, fueron los siguientes. Prime-
»ramente el señor Vasco Núñez, el cual fué el primero que vió el
»nuevo océano, y después todos juntos· Andrés Vara, clérigo, Fran-
»cisco Pizarro, Diego Albítez, Fabián Pérez, Bernardino de Mo-
»rales, Diego Tejerina, Cristóbal de Valdehuso, Bernardino Cien-
»fuegos, Sebastián de Grijalba, Francisco Dávila, Juan de Espi-
»nosa, Juan de Velasco, Benito Durán, Andrés de Molina, Anto-
»nio de Baracaldo, Pedro de Escobar, Cristóbal Daza, Francisco
»Pesado, Alonso de Guadalupe, Hernando Muñoz, Hernando Hi-
»dalgo, Juan Rubio de Malpartida, Alvaro de Bolaños, Alonso Ruiz,
»Francisco de Lucena, Martín Ruiz, Pascual Rubio de Malpartida,
»Francisco González de Guadalcanal, Francisco Martín de Palos,
»Hernando Díaz, Andrés García de Jaén, Luis Gutiérrez, Alonso

nando que Vasco Núñez había descubierto
en aquellos momentos el mar del Sur, yendo acompañado por los caballeros, hidalgos
y hombres de bien que enumera uno por
uno a continuación, y termina autorizando
el documento y dando fe de que los sesenta y seis hombres mencionados en el acta
y él mismo además, fueron los primeros cristianos que vieron aquel mar.

Inmediatamente dispuso Vasco Núñez el
descenso en dirección al nuevo Océano, del
cual deseaba tomar posesión lo más pronto
posible, en nombre de los reyes Don Fernando y Doña Juana.

»Sebastián, Juan Zahinos, Rodrigo Velázquez, Juan Camacho, Diego
»de Montehermoso, Juan Mateos Alonso (Maestre de Santiago), Gre-
»gorio Ponce, Francisco de la Torre, Miguel Crespo, Miguel Sán-
»chez, Martín García, Cristóbal de León, Juan Martínez, Francisco
»de Valdenebro, Juan de Beas Lopo, Juan Ferrol, Juan Gutié-
»rrez de Toledo, Juan Portillo, Juan García de Jaén, Mateo Lo-
»zano, Juan de Medellín, Alonso Martín de Asturias, Juan García,
»Juan Gallego, Francisco Lentino, Juan del Puerto, Francisco de
»Arias, Pedro de Orduña, Nuño de Olano Negro, Pedro Fernán-
»dez de Arocha.

»Yo, Andrés de Valderrábano, notario de Sus Altezas, los Re-
»yes, en la Corte y en todos sus Reinos y señoríos, estuve pre-
»sente y doy fe cómo todo lo antedicho es la verdad y los sesenta
»y seis nombrados (entre los cuales me cuento como uno de ellos
»yo mismo) fueron los primeros cristianos que vieron el Mar del
»Sur. A los 26 días de septiembre del año de Nuestro Señor 1513»

Todavía, antes de llegar a las playas del Pacífico, tuvieron que sufrir algunas fatigas y contratiempos, y hasta librar una batalla con el cacique Cheapes, que, como Cuareca, quiso oponerse al paso de los españoles por su territorio. Vencido fácilmente éste, a pesar de ser tan pocos los españoles, gracias, más que nada, al estrépito de las armas de fuego, Balboa le trató con calculada generosidad para captarse su amistad y recabar de él la ayuda que necesitaba para rematar su obra, y Cheapes se sometió, reconocido, a su vencedor, y puso a disposición de él su persona y su casa y todo su pueblo.

Vasco Núñez, aprovechando esta favorable actitud de Cheapes, se quedó con él unos días para descansar, y ordenó que entretanto saliesen tres patrullas, mandadas por Francisco Pizarro, Juan de Escaray y Martín Alonso, en busca del camino más corto para llegar al mar.

El primero que lo halló fué Alonso, quien a los dos días de caminar llegó a una playa en la que encontró dos canoas varadas en la arena. Martín Alonso hizo llevar una has-

ta el agua, y metiéndose en ella, puso a sus
compañeros por testigos de que él era el primer español que entraba en el Mar del Sur,
ejemplo que siguió en seguida otro llamado
Blas de Atienza, metiéndose en la otra canoa y pidiendo testimonio de que él era el
segundo que navegaba en aquellas aguas.

El 29 de septeimbre llegó Balboa a su vez
a la orilla del mar, que sereno y majestuoso
se ofrecía a la vista de los españoles en una
extensión sin límites. Nada turbaba su grandiosa placidez; apenas rizaba su superficie
una ligera brisa, que le hacía acariciar con
, blandas olas las doradas arenas de la playa.
Ni un sér humano, fuera de nuestros héroes,
parecía por aquellos contornos; ni una vela
se veía en el horizonte; nada turbaba el solemne silencio de aquel momento sublime.
Los inmensos y exhuberantes bosques de la
costa, que llegaban al mismo borde de la
playa, aparecían tan grandiosos y tan desier-
tos como el mismo Océano. Anonadado por
la magnificencia de aquel espectáculo y abru-
mado por la honda emoción que le embar-
gaba, Vasco Núñez volvió a caer de rodillas,

como en lo alto de los Andes, y así permaneció unos segundos, que a los presentes les parecieron siglos.

Después, irguiéndose arrogante y altivo, con un continente soberbio que le daba apariencias de gigante, avanzó resueltamente, entró en el mar hasta que el agua le llegó a la cintura y desenvainando la espada y blandiéndola en el aire, gritó con voz clara y fuerte:

«—Vivan nuestros muy poderosos y altos Señores los Reyes de Castilla y León y de Aragón, Don Fernando y Doña Juana, en nombre y representación de los cuales, yo, Vasco Núñez de Balboa, gobernador de Santa María del Daríen y Adelantado de Tierra Firme, tomo hoy, para la Corona de Castilla, posesión real, corporal y actual de estos mares, tierras, costas, puertos e islas del Sur y de todas sus partes y dependencias y de sus reinos y provincias. Y si algún otro príncipe o capitán, cristiano o infiel, cualesquiera que sea su ley, su secta o su condición, pretende tener algún derecho so-

bre estas tierras y sobre estos mares e islas,
yo estoy pronto y dispuesto a defenderlos
y protegerlos en nombre de los monarcas
castellanos, presentes y futuros, a quienes
pertenece el imperio y dominación de estas
tas Indias, islas y tierra firme, al Norte y
al Sur, con todos sus mares hasta los polos
Ártico y Antártico, a ambos lados de la línea
equinoccial, dentro y fuera de los trópicos
de Cáncer y de Capricornio (1), ahora y en
todos los tiempos, mientras el mundo dure
y hasta el día del Juicio Final »

Los españoles contestaron a esta bizarra
y denodada arenga con las más entusiastas
y calurosas aclamaciones, y como no se presentó
sentó ningún *príncipe* ni *capitán*, ni cristiano
ni infiel a contradecir a Balboa y aceptar
su desafío, el notario Valderrábano redactó
tó un acta de la toma de posesión por Balboa
boa de aquellas tierras y mares para los

---

(1) Como se ve, Balboa debía desconocer la célebre Bula de
Alejandro VI, partiendo los mares y las tierras de Indias entre
España y Portugal, o tal vez en aquellos momentos de verdadera
embriaguez, desafiaba osadamente la autoridad del Sumo Pontífice,
fice, sin miedo a incurrir en pena de excomunión.

reyes de España, refiriendo el solemne acto puntual y detalladamente, y en ella, los que sabían escribir, estamparon sus firmas, y los demás trazaron sendas cruces, para que constase, a más de su testimonio en apoyo de la veracidad del documento y su contenido, su presencia y personal participación en tan alto y extraordinario suceso.

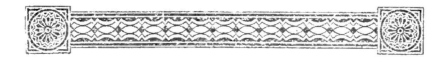

V

Naufragio de Balboa en el golfo de San Miguel.
—La pesca de las parles.—Regreso al Darien por
un nuevo camino.—Sumisión de los indios.—El
peso del botín.—Llegada a Santa María.

Antes de regresar a Santa María, deseaba
Balboa explorar la comarca que acababa de
descubrir y enterarse minuciosamente de su
población, producciones y riquezas, sentar las
bases de la dominación de España en aquella región, sometiendo a vasallaje a los principales caciques y obtener además algunas
nuevas referencias sobre los lejanos países
bañados por aquel mar, de los que le había
dado noticias tan maravillosas el hijo de Comagro.

Tenía también un vehementísimo deseo de

explorar, embarcado, el mar del Sur y sus costas más próximas, para completar así su descubrimiento y ratificar su toma de posesión.

Y, por último, se proponía coronar su empresa regresando a Santa María por otro camino distinto del que había seguido a la ida, a fin de extender todo lo posible el campo de sus exploraciones y conquistas por el continente y poder ofrecer al sey, al rendirle cuenta de su viaje, un vasto territorio nuevo que fuese uno de los más preciados florones de la corona de Castilla.

Por todo lo cual, se instaló en el pueblo de Cheapes y envió desde allí mensajeros a todos los puntos en que habían quedado rezagados la mayor parte de sus hombres, para que se le incorporasen lo más pronto que les fuese posible.

Cuando expuso a Cheapes su propósito de embarcarse para explorar las costas próximas, por lo menos las de aquel golfo que allí se abría y al que, como ya dije antes, dió Balboa el nombre de Golfo de San Miguel, por haber pisado su playa el día 29 de septiembre, su nuevo aliado trató de disuadirle de ello, exponiéndole que en aquella época del año era muy peligroso navegar en aquel mar, por estar continuamente agitadas las aguas y ser frecuentes y muy violentas las tempestades.

«Vasco, que no podía soportar el descanso »—dice Pedro Mártir, refiriendo estos suce- »sos,—creía y afirmaba que Dios y todos los »santos del cielo favorecerían su empresa, »pues no podían dejar de mirar con interés »una expedición por la cual había de exten- »derse la influencia de la Religión Cristiana, »y se habían de ganar grandes tesoros que »permitirían combatir a los enemigos de la »fe. Persuade de ese modo a sus compañeros »y se embarcan todos en las canoas de Chea- »pes, acompañados por éste y algunos otros »indios. Apenas se habían alejado algunos »metros de la orilla, cuando les asaltó una »tempestad tan violenta, que no sabían que »hacer, a qué lado dirigirse, ni dónde bus- »car refugio. Se miraban unos a otros tembo- »rosos y sobrecogidos. Por fin, escaparon al »peligro refugiándose en un islote próximo, »en el que tomaron tierra después de dejar

»las canoas sujetas a las peñas de la orilla.
»Durante la noche subió la marea y cubrió
»casi por entero la isla. A la mañana siguien-
»te, cuando volvió a bajar y fueron a la ori-
»lla para embarcarse de nuevo, se quedaron
»estupefactos. Todas las barcas estaban des-
»trozadas y llenas de arena, y algunas aplas-
»tadas y abiertas. Las repararon con cortezas
»de árboles, con plantas marinas muy resis-
»tentes, y hasta con hierba.»

Balboa, muy contrariado por este fracaso,
quería volver a empezar, pero los indios le
convencieron de que sería temerario, y le
hicieron desistir. Entonces volvió a dedicarse
con ardor al estudio de los productos y riquezas del país, y especialmente al de la
pesca de perlas, que preferentemente cau-
tivó su atención y su interés. Estas perlas
eran generalmente pequeñas, y estaban casi
todas quemadas, porque los indios, para abrir
las ostras, las metían en el fuego, pero algunas que extrajeron por sí mismos los españoles eran perfectas y del más bello oriente. Los indios, que sólo las recogían para co-

merse las ostras, les dieron millares de ellas, tanto a Balboa como a todos los demás.

Poco a poco fueron llegando todos los españoles que habían quedado dispersos en las diversas etapas de su peregrinación a través del istmo, y tan pronto como estuvieron todos reunidos, Balboa, que ardía en impaciencia por el deseo de dar a conocer los resultados de su empresa y solicitar el perdón del rey, como recompensa por sus descubrimientos y conquistas, dispuso regresar sin dilación a Santa María del Daríen, siguiendo una nueva ruta, a fin de reconocer y someter a la soberanía de España todos aquellos nuevos y riquísimos territorios.

También este viaje fué muy penoso, principalmente por la falta de agua, pues hasta que llegaron a los Andes, no encontraron ningún río ni manantial, y agotada la provisión que llevaban consigo, padecieron horriblemente por su falta, estando algunos a punto de morir de sed. Felizmente, Balboa empezaba a hacerse popular entre los indígenas comarcanos, cuyos caciques le temían por las noticias que tenían de sus recientes

victorias, le admiraban por su valor y su
arrogancia y se sentían atraídos hacia él por
su generosidad con los vencidos y su cortés
afabilidad con todos. Así es que no tuvieron que volver a empuñar las armas, y en todas las tribus que encontraron en su camino
fueron bien acogidos y disfrutaron de espléndida hospitalidad. Todos los caciques del
país recorrido rindieron vasallaje y prome-
tieron sumisión y tributos a Balboa, solicitando, en cambio, su amistad y protección, y
le hicieron valiosísimos presentes en oro, perlas y esclavos.

Uno solo, llamado Pacra, discrepó de esta conducta, y con él Balboa fué inexo-
xorable, como lo había sido con Cuareca.
«Era—decía Balboa en una carta, que cita
»Pedro Mártir,—tan disforme, tan sucio, tan
»repugnante, que no se puede imaginar nada
»más abominable. La Naturaleza se había li-
»mitado a darle figura humana; pero en lo
»demás, era una verdadera bestia, salvaje y
»monstruosa.» Se negó tenazmente a acatar
la autoridad de Balboa y a pagarle el más
mínimo tributo. Ni ruegos, ni amenazas, pu-

dieron vencer su ruda testarudez. Puesto en el tormento, siguió negándose a todo con la misma entereza. Exasperado Balboa por una resistencia a la que no estaba acostumbrado, y habiendo recibido varias quejas y acusaciones de otros caciques contra Pacra, quien, según ellos, era un déspota feroz que perturbaba el país constantemente con sus tropelías y depredaciones, lo condenó a muerte, haciéndolo destrozar por sus mastines.

Es de suponer que Vasco Núñez, que no solía ser cruel y habitualmente trataba a los indios con benevolencia y hasta con cariño, tuviese alguna razón especial para condenar a muerte a Pacra, de quien nada tenía que temer, y para hacerle ejecutar de una manera tan horrible y sanguinaria. Tal vez lo hizo con la mira de consolidar la amistad y sumisión de aquellos otros caciques que le habían pedido justicia y protección contra Pacra, a los cuales, sin duda, satisfaría verse libres de su enemigo y que al mismo tiempo comprenderían cuán peligroso podía ser para ellos el faltar en lo más mínimo a sus compromisos con Balboa.

Un mes se detuvo Vasco Núñez en el pueblo de Pacra para descansar, y allí acabaron de incorporársele algunos de sus hombres que no habían podido hacerlo antes. Continuaron después su marcha por un terreno cada vez más montañoso y quebrado, lo cual hacía la marcha muy penosa, y pasaron en aquella etapa grandes trabajos, hambre, sed y cansancio, hasta tal extremo, que varios españoles y muchos indios murieron, y otros fueron quedándose rezagados por el camino, por serles materialmente imposible dar un paso más. Los pueblos por los que pasaban, además de ser pocos y muy distantes unos de otros, eran tan pobres, que no había en ellos provisiones bastantes para las necesidades de aquella caravana bélica, que se disponía a franquear de nuevo los Andes, volviendo a sus lares triunfante y famélica, cargada hasta más no poder de oro y de perlas y sin un pedazo de pan para llevarse a la boca, ni un buche de agua con que refrescar las fauces secas y los pechos rendidos y abrasados.

Y sin embargo, cuando en un pueblo, por

dichoso acaso, hallaban provisiones abundantes, permanecían en él un día, dos y hasta
tres, para saciar su hambre de lobos y reparar el cansancio que les aniquilaba; pero al
tiempo de partir, lo primero con que carga-
ban las bronceadas espaldas de sus esclavos
y sus propios hombros, era el oro, el rico metal, siempre codiciado y con más ansia bus-
cado cada vez. Después, si podían, añadían
a los pesados fardos del botín unos odres
de agua y algunos víveres, y dominados por
la avaricia, se condenaban gustosos a volver
a pasar al día siguiente los mismos tormen-
tos del anterior, con tal de no desprenderse
de una sola perla, ni de la más minúscula
pepita de oro.

Por ese motivo sufrían terriblemente, mucho más que a la ida, pudiendo haber hecho, por el contrario, el regreso en mejores
condiciones. Días enteros marcharon sin más
comestibles que los frutos silvestres, y sin
más agua que la corrompida de algún pan-
tano, por inmensos bosques impenetrables y
luego por terrenos areniscos movedizos, que
cedían bajo los pies, impidiéndoles avanzar.

Casi nunca encontraban los senderos que les
habían indicado, no obstante que algunos indios conocían bastante aquellos parajes y era
preciso casi siempre abrirse paso con los
machetes y las hachas a través de la vegetación exhuberante y enmarañada que por todas partes les rodeaba.

Para colmo de desdichas, fueron alcanza-
dos un día por una de esas violentísimas tor-
mentas tan frecuentes en la América Cen-
tral, que llenan de pavor al más valiente, y
que son realmente temibles. Tan negras y
espesas son las nubes, que pasan rasando
las copas de los árboles, que el día más es-
plendoroso se convierte repentinamente en
una lóbrega noche, el viento sacude violentamente los árboles, cuyo ruido semeja el del
mar en los bajos, y los troncha como si fue-
sen frágiles cañas La luz lívida de los re-
lámpagos ilumina incesantemente la escena
y los truenos retumban con tal fragor, que
parece que la tierra estalla y se rompe en
mil pedazos. Al fin descarga el chubasco,
verdadero diluvio que todo lo arrasa y ante
el cual los animales huyen enloquecidos de

terror, y los indios, si no tienen cerca un seguro refugio, permanecen inmóviles, procurando guarecerse bajo algún árbol corpulento.
Pero Balboa y los suyos, apremiados por el
hambre, siguieron caminando imperturbables,
aguantando estóicamente la descarga de las
nubes, que era un verdadero torrente desbordado.

Por fin llegaron, cuando estaban ya a punto de desfallecer hasta los más resistentes,
al pueblo del cacique Pocorosa, que los recibió cordialmente y los invitó a permanecer algún tiempo a su lado para descansar
y reponerse. Aceptaron gozosos los españoles, y no podían por menos de hacerlo así,
pues extenuados por el hambre y la fatiga,
en tal extremo que parecían momias o es-
pectros vivientes, y literalmente aplastados
por el peso abrumador de su botín, les era
de todo punto imposible dar un paso más.

Dueños de grandes riquezas, con las cuales
esperaban trasladarse pronto a España y vivir felices y poderosos el resto de sus días,
por de pronto eran verdaderos esclavos de

sus tesoros, que sólo les producían privacio-
nes y sufrimientos, y a los cuales todo habían de sacrificarlo, casi hasta la misma existencia, para podérselos llevar consigo; su adquisición les había sido fácil, pero su conser-
vación les era bien penosa, y no pocos perdie-
ron en cambio de ellos tesoros mucho más
preciosos, como son la salud y la vida, en
aquella terrible y dantesca peregrinación a
través del istmo americano, en el que hoy
también miles de hombres, muchos compatriotas nuestros y, por tanto, de aquellos héroes, han agotado sus energías y su vida en
otra empresa no menos grandiosa y más útil,
si bien más prosáica y obscura.

Cerca de un mes llevaban ya en el pueblo
de Pocorosa los conquistadores, cuando supo Balboa que un cacique vecino, llamado
Tubanama, que tenía fama de poderoso y
valiente entre los indios y por cuyo territorio
tenían que pasar forzosamente al reanudar
la marcha, se había jactado repetidas veces
de no temer a los españoles, y se había mos-
trado seguro de vencerlos y poner fin a sus
victorias y proezas, si intentaban penetrar

en su territorio. Acto continuo resolvió Vasco Núñez acometerle sin pérdida de tiempo, y cayendo sobre él de improviso, con los únicos sesenta hombres que estaban en condiciones de pelear, tuvo la fortuna de cogerle desprevenido y hacerle prisionero, sin necesidad de combatir Tubanama, al verse cautivo, se humilló de tal manera, que Vasco, compadecido, le perdonó la vida, aceptándole el cuantioso rescate que por su cabeza ofreció el cacique, que era uno de los más ricos de la comarca. Convencido Balboa de ésto, por las noticias que le dieron y las investigaciones que personalmente hizo, se propuso volver pronto, para fundar un pueblo de españoles, con objeto de explotar las minas de oro, más abundantes allí que en ninguna otra parte de las tierras que acababa de recorrer, toda vez que por el momento no podía detenerse más, ni dejar los hombres necesarios para ello.

Además de la gran cantidad de oro que pagó Tubanama para salvar su vida y su libertad, le exigió Vasco Núñez un gran contingente de esclavos, para que porteasen desde allí al fin del viaje, no sólo todo el cargamento e impedimenta de la caravana, sino también a algunos de los expedicionarios, que ya no podían ni aun tenerse en pié, entre los cuales se contaba el mismo Vasco, atacado por la fiebre hacía algún tiempo y aniquilado además, a pesar de su gran robustez y energía, por los hercúleos trabajos que la realización de su empresa, en la forma acertada y cabal que hemos visto, le había impuesto.

Continuaron, pues, su viaje de regreso al Daríen de allí a pocos días, yendo Balboa y unos pocos más conducidos en hamacas; otros cuantos a hombros de sus esclavos, y los restantes a pié; pero sin carga ni fardo alguno que les abrumase como antes, dedicándose a vigilar a los numerosos indios que transportaban sus tesoros y el agua y los víveres, ahora abundantes y de mejor calidad.

Lentamente, haciendo jornadas muy cortas y frecuentes altos, recorrieron esta etapa, que terminó en el pueblo del cacique Comagro. Este había muerto; pero su hijo mayor, el que por primera vez había hablado a Balboa del Mar del Sur y de los mágicos países de sus costas, los recibió con placer y admiración y los hospedó y agasajó con más esplendidez, si cabe, que la vez primera, reteniéndolos algunos días en su compañía.

De allí pasaron al pueblo de Ponca, donde se encontraron con unos españoles recién llegados de Santa María, quienes les comunicaron que acababan de llegar de la Isla Española dos navíos cargados de víveres, armas y municiones. Impaciente Balboa por saber si también le traían alguna noticia del estado de sus asuntos, sobreponiéndose al cansancio y a la fiebre que le abrasaba, se adelantó, dirigéndosie a toda prisa, a pié y escoltado por veinte soldados, a Coyba, donde se embarcó en el bergantín que había dejado allí antes, y llegó por fin a Santa María el 21 de enero de 1514, a los cuatro meses y veinte días de haber salido.

Excusado es decir con cuánto júbilo y entusiasmo fué recibido y aclamado en la colonia, sentimientos que se elevaron al más alto grado cuando se divulgó la noticia de los importantes descubrimientos y conquistas que había realizado el intrépido extremeño, y rayaron en verdadero delirio al anunciar éste públicamente que una parte, no pequeña, del riquísimo botín que traía, se repartiría entre los habitantes de Santa María, para que todos participasen de un modo directo y positivo del éxito y del provecho de la afortunada expedición llevada a cabo por su gobernador.

Fácilmente se comprenderá lo que este rasgo generoso aumentó la popularidad, ya grande, de Balboa en la colonia del Daríen, acabándole de granjear la adhesión incondicional de todos sus compatriotas. Pero, desgraciadamente, ni esta esplendidez, ni su conducta desinteresada y caballerosa, ni la magnitud de sus proezas, dignas de las más altas recompensas, bastaron a contrarrestar las intrigas de sus enemigos, acosado por los cuales, el intrépido y desgraciado descubridor llegó, de tropiezo en tropiezo y de humillación en humillación, al trágico desenlace de perder la vida en el patíbulo, cuando se preparaba a volver a las costas del Pacífico para reanudar sus exploraciones y conquistas.

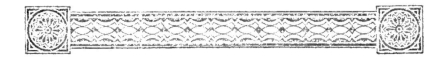

VI

Intrigas contra Balboa en Castilla.—Nombramiento
de Pedro Arias de Avila para el gobierno de la
Castilla de Ora.—Llegada del nuevo gobernador
y su conducta con Vasco Núñez.—Residencia y
absolución de éste.—Malestar en la colonia.—
Expediciones desgraciadas.—Balboa escribe de nuevo al Rey.

Las quejas y acusaciones elevadas al rey
por el bachiller Enciso contra Balboa, por
haberle despojado violentamente del gobierno del Darién y por la expulsión y el naufragio y muerte consecutivos y ya compro-
bados de Nicuesa, fueron hábilmente con-
trarrestadas por los amigos que Vasco Núñez
había enviado a España con dicho objeto
y que eran, como ya sabemos, Juan Zamudio, Juan de Caicedo, Diego Colmenares y

Sebastián del Campo. Los informes que éstos dieron al monarca y a sus consejeros sobre el estado cada vez más próspero y floreciente de la colonia de Santa María, debido exclusivamente al buen gobierno y prudente dirección de Vasco Núñez y sobre los grandiosos proyectos que éste había concebido y cuya ejecución preparaba cuando ellos se embarcaron, para la exploración y conquista de Tierra Firme, produjeron grandísima impresión en la Corte en favor del insigne jerezano.

Se cree fundadamente que en el ánimo del rey llegaron a pesar mucho más los indiscutibles méritos de Balboa y el deseo de premiar sus buenos servicios y seguirlos utilizando en provecho de los intereses de su reino y de su corona, que el recuerdo de las faltas que había cometido y el propósito que en un principio tuviera de castigarlas como aisladamente hubieran merecido tales hechos, si no los hubiese redimido y borrado su autor completamente con su ulterior conducta, merecedora de premio y de estímulo, que le obligase a desenvolver y llevar a cabo con igual fortuna y fruto todas sus fecundas iniciativas.

Pero entre los consejeros reales había algunos que eran muy amigos de Enciso y estaban resueltos a dejarle vengado y satisfecho en sus agravios, y hasta, a ser posible, desembarazarle de su contrincante para que pudiese volver a ocupar el puesto de que aquél le había desposeído. Uno de ellos, el Arzobispo de Burgos, don Juan Fonseca, que se había distinguido ya en varias ocasiones por su animosidad contra Colón y otros navegantes y exploradores de América, fué encargado por los demás de hablar al rey, para exponer respetuosamente a la real consideración su humilde parecer de que cualquiera que fuese en definitiva la determinación que el monarca adoptase respecto de Vasco Núñez y aun cuando se resolviese a premiar los actos meritorios de éste y a no castigarle por sus delitos, como sin duda lo haría un rey tan justiciero, no sería prudente confiar la suerte de una tan importante y rica provincia como la Castilla de Oro a un simple aventurero, insustituíble como capitán y ex-

plorador, pero incapaz de gobernar con la
sensatez y cordura necesarias, para lo cual
cumplidamente había demostrado que carecía de dotes y experiencia, por lo que opina-
ban debía encomendarse a Balboa (si el rey
quería servirse de él con provecho) la misión de invadir y someter por completo aquellos territorios y tribus por él recientemente descubiertos y los que en lo sucesivo des-
cubriese, pero poniéndole para irle a la mano y evitar que cometiese nuevos desafueros,
a las órdenes y bajo la dirección del gobernador de Santa María, para cuyo cargo creían
debía nombrarse (salvo que fuese otra la real
voluntad) algún hombre ilustre y experto en
el mando, que mereciese la plena confianza del rey y fuese digno de ostentar su representación en la regencia y gobernación,
de aquellos nuevos estados.

El resultado fué que el rey, cediendo a
las exigencias de los amigos de Enciso y
en parte convencido por sus consejeros de
que Balboa era un hombre peligroso al que
convenía atar corto, nombró gobernador general de la Castilla de Oro, a don Pedro Arias

de Avila, más conocido generalmente con el nombre de Pedrarias Dávila, hermano del conde de Puñonrrostro y familiar palaciego, a quien por algunas proezas con que en su juventud se había distinguido en los torneos y juegos caballerescos, solía designársele con el sobrenombre de *el Galán*, que en verdad no merecía de ningún modo. Y para que le auxiliasen en el gobierno y administración de la colonia, designó, de acuerdo con él y con sus consejeros, a Juan de Ayora para teniente de Pedrarias o vicegobernador; a Gaspar de Espinosa, para Alcalde Mayor de Santa María; al bachiller Enciso, para Alguacil Mayor (cargo que aceptó sólo para encontrar ocasión de saciar su sed de venganza el rencoroso bachiller, como pronto veremos); a Oviedo, el futuro historiador de las Indias, para Veedor o inspector de las minas; a Alonso de la Fuente, como Tesorero real, y al franciscano Fr. Juan de Quevedo, en calidad de Obispo de la provincia del Darién.

El 12 de abril de 1514 se embarcó Pedrarias en Sanlúcar, con su esposa doña Isabel

de Bobadilla y Peñalosa, también de noble
familia, sus hijos, su servidumbre, los demás funcionarios arriba citados y cerca de
dos mil hombres, que no obstante ser tan
sólo mil doscientos los que mandó reclutar
Pedrarias, y a pesar de la pequeña capacidad
de las quince naves dispuestas para la expedición, lograron, como he dicho en otro
lugar, embarcarse casi violentamente, obse-
sionados por la peregrina idea de ir a pescar
el oro con redes la mayor parte, y deseosos
también de escapar algunos que andaban a
malas cuentas con la justicia, o que querían
eludir los trabajos y peligros de la guerra
que se sostenía a la sazón en Nápoles.

El 29 de junio llegó a las costas del golfo
de Uraba la flota de Pedrarias, quien temiendo no ser bien acogido por Balboa y que
acaso le fuera necesario apoderarse del gobierno de la colonia por la fuerza, mandó an-
clar a alguna distancia de Santa María y envió un emisario a Vasco Núñez participán-
dole su llegada con el carácter de Gobernador de la colonia.

Al esparcirse la noticia por Santa María,

hubo muchos que indignados por la injusta humillación que se infería a su caudillo, y temerosos de verse asimismo suplantados y despojados por los recién venidos, a quienes consideraban como intrusos, propusieron a Balboa que se negase a recibir al nuevo gobernador y no permitiese que desembarcara un solo hombre de sus naves, pues ellos se bastaban para gobernar la colonia y no estaban dispuestos a consentir que nadie viniese a arrebatarles el fruto de sus trabajos y sacrificios. Pero Balboa acalló estas legítimas protestas, hizo comprender a los rebeldes que debían todos, empezando por él mismo, acatar y cumplir la voluntad del rey; les ofreció defender sus intereses a todo trance y les ordenó que le acompañasen a recibir a Arias de Avila, haciéndoles ir desarmados para desvanecer en éste todo recelo y para evitar que cualquier incidente imprevisto pudiese provocar algún rozamiento o colisión entre sus gentes y las de Pedrarias, dando a éste pretexto para ejercer violencias que habrían de ser funestas para todos.

Dió prueba Balboa en aquella ocasión de

un gran dominio sobre sí mismo y de suma
discreción y tacto, y sin duda creyó con-
graciarse así mejor con los que acertadamente
suponía que habían de ser sus jueces y tenían en las manos su porvenir. Pero si hubiese sospechado cómo sería recompensada su
sumisión y cuán funesto le había de ser
su recto y noble proceder, seguramente se
habría conducido de otra manera.

El primer cuidado de Pedrarias fué obtener
de Balboa todas las noticias que necesitaba
para conocer a fondo la Castilla de Oro y poder dar fin a su conquista y proseguir su
colonización y explotación por sí solo, sin
necesitar los consejos y la ayuda de aquél.
Para ello le abrumó a cumplidos y le colmó
de atenciones, le ofreció altas recompensas a
cambio de su valiosa cooperación en el gobierno de la colonia, y le hizo creer que no
daría un solo paso, ni resolvería ningún asunto sin consultarle y tener muy en cuenta su
opinión.

De ese modo consiguió que Balboa, confiado y satisfecho, creyendo que Pedrarias
leal y agradecido, cumpliría sus lisonjeros

ofrecimientos, se entregase a él por completo y pusiese en sus manos traidoras cuantos elementos y resortes de mando y gobierno tenía. Redactó, además, a instancias del falso y precavido cortesano, una extensa y detallada memoria de sus campañas, de los caminos que había seguido, comarcas que había explorado, caciques con los que había pactado alianzas, lugares en que había minas de oro, ríos, arroyos y torrentes que lo arrastraban en su lecho y referencias que había logrado recoger sobre las riquísimas y desconocidas comarcas bañadas por el mar del Sur.

Una vez conseguido lo que se proponía, Pedrarias arrojó la máscara con que había encubierto sus verdaderas intenciones, y prescindiendo de todo disimulo y consideración, mandó prender a Vasco Núñez y le sometió a residencia para exigirle responsabilidad por todo cuanto había hecho desde la fundación de Santa María, sin autorización ni sanción del rey, y especialmente por su comportamiento con Enciso y Nicuesa, el primero de los cuales fué el encargado por Pedrarias de prender y cargar de cadenas a su odiado enemigo.

Vasco Núñez, con su afable carácter y su conducta intachable, se había granjeado ya el afecto de algunos de los nuevos funcionarios de la colonia, y especialmente del Obispo Fray Juan de Quevedo y del Alcalde Mayor Gaspar Espinosa, quienes tomaron su defensa y lograron fuese absuelto de todos los cargos que se le hacían, menos en lo referente a Enciso, que consiguió se le condenase a pagarle algunos miles de reales en resarcimiento de los daños que le había causado antaño.

Pedrarias, que había pensado desembarazarse de Vasco Núñez enviándole a España aherrojado y hundido para siempre bajo el peso de varias sentencias deshonrosas, tuvo que resignarse a dejarle en libertad, limpio de toda acusación y más popular y querido de todos que nunca; pero no por eso renunció a sus planes, ni cesó un momento de vejarle y perseguirle.

Entretanto, la colonia, torpemente gobernada por Pedrarias y sus inexpertos auxiliares, que cegados por el brillo del oro y sedientos de riquezas, la explotaban en provecho propio, sin pudor ninguno y sin la más elemental previsión, atravesaba una crisis terrible, de la que escapó por verdadero milagro, faltando poco para que quedase despoblada y destruída para siempre. La escasez de las subsistencias originada por el abandono de los cultivos y las enfermedades de todas clases que la gran aglomeración de colonos nuevos y su deficiente alimentación provocaron, diezmaron la población de Santa María, cebándose principalmente en los recién llegados. En menos de un mes murieron más de seiscientos españoles. Casi otros tantos regresaron precipitadamente a España, lo que por el momento fué un gran bien para la colonia, pues el hambre y las epidemias empezaron a disminuir al poco tiempo.

Pero el malestar seguía siendo grande, y Pedrarias, para combatirle y levantar los ánimos, organizó y envió varias expediciones al interior del país. Ayora, Carrillo, Enciso y algún otro, se dedicaron a recorrer la comar-

8

ca en todos sentidos, dirigiéndose preferentemente a los lugares en que creían que había minas de oro. Al principio fueron bien
recibidos por los indios; pero se condujeron
tan mal con ellos, les hicieron víctimas de
tantas exacciones, cometieron tales abusos de
confianza y les infligieron tan malos trata-
mientos, que al fin los indios se rebelaron
y decidieron rechazar a los invasores. Poco aguerridos y disciplinados éstos y faltos
de un caudillo conocedor del terreno y de
las astucias y modo de combatir de los indios, fueron derrotados por todas partes, y
se vieron en la necesidad de regresar precipitadamente a Santa María, confusos y humi-
llados y con grandes pérdidas, experimenta-
das tanto en los combates como en la retirada.

Las censuras y burlas con que los partidarios de Balboa recibieron a los derrotados, exacerbaron en el pecho de Pedrarias
la envidia y el rencor hacia éste, y haciéndole
además temer que Vasco Núñez ganase con
estos sucesos mayor prestigio y más popularidad todavía, especialmente entre los co-

lonos antiguos, y que llegando a considerarle
todos como el único jefe posible de la colonia, quedase ésta de nuevo a merced de su
fundador, con riesgo de su propia autoridad
y hasta de su seguridad personal, resolvió
encomendarle alguna expedición difícil y peligrosa, a fin de que fracasase en ella de
un modo ruidoso y humillante y empañán-
dose con la derrota su justo renombre de invicto capitán y de hábil gobernante, se en-
friara un tanto el entusiasmo de sus cada vez
más numerosos y adictos partidarios y em-
pezase a declinar su popularidad, por la que
Pedrarias le envidiaba y le temía cada día
más.

En la memoria redactada por Balboa para Pedrarias sobre sus exploraciones por la
Castilla de Oro, mencionaba aquél el famoso templo de Dobayba, que tanto pondera-
ban los indios por sus ídolos de oro y por
las inmensas riquezas que encerraba, y hacía
constar su creencia de que si no había dado
con él, era sin duda por no haberse internado
bastante en el territorio del cacique Abibey-
ba, a causa de la naturaleza del terreno, por

cuyo suelo pantanoso era absolutamente imposible caminar; pero que acaso remontando algo más el río Grande, se hallaría algún paso franqueable entre las lagunas que permitiera llegar al lugar misterioso en que aquél se alzaba, según las vagas noticias que daban los indios acerca de ello.

Entre los colonos se referían sobre este templo y su emplazamiento las noticias más extrañas y maravillosas. Tras de los bosques y lagunas que lo encerraban en un recinto inexpugnable, se escondían riquezas fabulosas e inagotables. Como en los cuentos árabes, el iniciado que conocía la oculta entrada de aquel sitio encantado, quedaba deslumbrado y desvanecido ante la prodigiosa abundancia de oro, perlas y piedras preciosas de todas clases que por doquier encontraba al alcance de la mano. Pero, desgraciadamente, estos tesoros, que nadie había visto nunca, estaban tan bien guardados y defendidos como los legendarios palacios de las hadas y de los encantadores, y era verdaderamente una locura temeraria pretender llegar hasta ellos. Los habitantes del país

eran unos indios feroces y crueles, verdaderamente temibles en el combate por su valor, por sus armas envenenadas y por la as-
tucia y habilidad con que sabían aprovechar
los recursos que les proporcionaba la Naturaleza, más hostil y temible aún que ellos
mismos. Trepaban como monos, nadaban como anguilas y pintaban sus armas y sus
adornos y se tatuaban el cuerpo de color
verde vivo, lo que les permitía hacerse, entre la vegetación, completamente invisibles
al enemigo, al que combatían desde las copas de los árboles o sumergidos entre el li-
mo de las lagunas, atacándole por mil partes a la vez, con movilidad simiesca, sin que
fuese posible esquivar sus golpes, ni menos
devolvérselos. Con tales salvajes, era de todo punto imposible combatir, a menos que
se usasen sus mismas artes y formas de pelear y se les superase en número y fiere-
za. Además, era preciso defenderse al mismo tiempo de otros muchos enemigos más
dañinos e invencibles que los hombres, a los
que ayudaban eficacísimamente en la defensa del territorio, y eran capaces de rechazar,

por sí solos, cualquier atrevido intento de
invasión. Estos enemigos eran numerosísi-
mos; atacaban al intruso encarnizadamente
y estaban a la vez en todas partes, en los
árboles, en el agua, en el aire, entre la maleza, y sus armas eran más variadas y morti-
ficantes que los instrumentos de tortura de
un déspota asiático. Las lagunas y ciénagas
estaban infestadas de enormes aligatores, capaces de partir un hombre en dos con sus
férreas mandíbulas, en el aire se oía a cada
paso el ténue siseo de las membranosas alas
de los murciélagos vampiros, sedientos siempre de sangre caliente y viva; por todas partes pululaban espesas nubes de voraces mos-
quitos y hasta, en opinión de algunos, había
también dragones en aquella especie de an-
tro infernal, unos dragones gigantescos y es-
camosos que parecían caimanes con alas...

A la conquista de ese país fabuloso, de
ese misterioso y opulentísimo templo, dispuso Pedrarias que fuese Balboa, con cien
hombres escogidos por éste libremente y armados y equipados como él quisiera, puesto
que, por lo que decía en su memoria, se com-

prendía que la aventura sería muy de su gusto, toda vez que tanto lamentaba no haberla llevado a feliz término en su primera tentativa, y por otra parte, ninguno en la colonia era capaz de realizarla como él, con grandes probabilidades de éxito feliz.

Aunque Balboa tenía sobrado buen sentido y conocía toda aquella parte del continente lo bastante para reducir a sus verdaderas proporciones cuanto se contaba, bueno y malo, de aquella región desconocida y no daba crédito ninguno a los relatos fantásticos y maravillosos de los indios, no se le ocultaron, ni por un momento, las dificultades y los peligros reales que ofrecía tal empresa, ni la dañada y perversa intención que había inspirado a Pedrarias semejante idea.

Pero no podía negarse a cumplir las órdenes de Pedrarias sin incurrir en el enojo de éste y arrostrar el desprecio y los sarcasmos de sus enemigos, y por tanto, se dispuso en seguida a salir de aquel mal paso lo más pronto y mejor que pudiera. En pocos días alistó su gente, y embarcándola en ocho grandes canoas, empezó a remontar el

río Grande, camino de Dobayba. Hay motivos para sospechar que Pedrarias, que quería aniquilar a Balboa a todo trance y desembarazarse de él, sin reparar en los medios,
hizo que se divulgase rápidamente entre los
indios la noticia de la expedición que se preparaba, con el fin de que llegase a conocimiento de los de Dobayba con anticipación;
pero nada puede asegurarse sobre este punto obscuro y delicado. Lo cierto es que cuando llevaban los expedicionarios dos días de
navegación y les faltaba todavía un buen trecho para llegar a las lagunas que servían de
linde o frontera al territorio de Dobayba,
se vieron repentinamente serprendidos por
un grandísimo número de indios que, arro-
jándose al agua, rodearon a nado la flotilla,
volcaron las canoas y mataron a golpes de
maza a la mayor parte de los españoles, antes que tuvieran tiempo de aprestarse a la
defensa.

Vasco Núñez y unos cuantos más que escaparon vivos de la inesperada agresión, sal-
taron a tierra, y después de pelear bravamen-

te con los salvajes, que les acosaban sin tregua, dispuestos a exterminarlos, lograron emprender la retirada en buen orden y sin daño, gracias a que Vasco Núñez, recordando el terror supersticioso que a los indios inspiraba la célebre laguna de Matunsacarti, que aun hoy conserva una siniestra reputación, y hallándose cerca de ella, se refugió en sus cenagosas orillas, y de allí penosamente y sufriendo infinitas molestias y fatigas, marcharon en dirección a Santa María.

Fueron recibidos por los amigos del gobernador con tan burlona compasión y tan mal reprimida alegría por su derrota, y sufrió tanto Balboa al verse injustamente ultrajado y al darse cuenta cabal de los propósitos de Pedrarias respecto de él, que agotada por completo su paciencia y queriendo prevenirse contra las asechanzas de sus implacables enemigos, se decidió a elevar al rey la expresión de todos sus agravios y temores, exponiéndole además, con rudo estilo y vivos colores los males que aquejaban a la colonia y los grandes riesgos que el porvenir ofrecía para la misma por la pésima administración de que era objeto y la concupiscencia y desidia del nuevo gobernador y de todos sus auxiliares y subordinados.

Esta segunda carta de Balboa, fechada en 16 de octubre de 1515, que insertan en sus obras Navarrete y otros, no merece ser copiada, ni siquiera fragmentariamente como la primera, porque en toda ella se limita Balboa a referir las depredaciones cometidas con los indios por Ayora, Carrillo y Enciso, la indisciplina reinante en Santa María, el abandono de los cultivos, la falta de honradez en la administración, el descontento de los colonos; a acusar a Pedrarias de ser el único causante de todos los males expuestos, por su soberbia, su crueldad, su codicia y su pereza; y a pedir por fin al rey que envíe a Santa María un hombre de su confianza que investigue y compruebe sus afirmaciones y ponga coto a tanto desorden y torpeza, si no quiere consentir que tan rica provincia se arruine y se pierda irremisiblemente.

Pronto veremos que esta carta llegó a su

destino demasiado tarde para Vasco Núñez
y que éste, a pesar de los continuos y ati-
nados esfuerzos que hizo para ello, no pudo
aplacar la saña de sus enemigos, ni evitar
el triste fin que le aguardaba y que ya parecía presentir.

VII

Rehabilitación de Balboa y su reconciliación con Pedrarias.—Preparativos para una expedición náutica por el mar del Sur.—Grandiosos proyectos de Vasco Núñez.—La profecía de «micer Codro».

Sabido es que Balboa emprendió la travesía del istmo americano en busca del mar del Sur, precipitadamente y sin esperar los refuerzos que había solicitado del rey en su carta de 21 de enero de 1513, con la mira de realizar una brillante hazaña que le redimiese de sus faltas pasadas y desvirtuase los efectos de las acusaciones de que era objeto en la Corte. Así, pues, su primer cuidado cuando halló el nuevo océano y tomó posesión de él en nombre de los reyes, fué enviar a éstos un mensajero, que habiendo sido testigo presencial del descubrimiento, les diese verbalmente cuenta detallada de él. Escogió para ello a Pedro Arbolancho, en quien tenía plena confianza, y además de darle instrucciones sobre lo que había de decir en España, le entregó una carta y un valioso presente, consistente en cien perlas magníficas, para el rey.

De esta carta de Balboa, que debe haberse perdido, habla Pedro Mártir, y dice que estaba fechada el 4 de las nonas de marzo de 1514, lo que supondría, de ser cierto, un grandísimo retraso, un descuido, increíble en quien tenía tanto interés en dar a conocer pronto el feliz éxito de su empresa y recoger sus frutos. Como quiera que sea, cuando Arbolancho se presentó al rey, ya éste había nombrado a Pedrarias para el gobierno de la Castilla de Oro y a Enciso Alguacil Mayor, poniendo a Balboa bajo sus órdenes, y era demasiado tarde para deshacer lo hecho y recompensar a Balboa en la forma cabal y completa que lo merecía.

Pero como la noticia del descubrimiento del nuevo mar causó una general e inmensa

alegría, más que por las perlas y el oro que
llevaba Arbolancho como muestra de las riquezas que en él se atesoraban, por la creencia de que al encontrarla se había dado con
el ansiado camino occidental de las Indias,
todos los ánimos se inclinaron en favor del
hombre que había prestado tan valioso servicio a su rey y a su patria, y Don Fernando,
de acuerdo con su Consejo de Indias, nombró en el acto a Vasco Núñez Adelantado
del mar del Sur y gobernador de las provincias de Coiba y Panamá, dejando redu-
cido el mando de Pedrarias a la del Daríen,
y escribió cartas a ambos dándoles instrucciones sobre las respectivas atribuciones de
cada uno y sus relaciones mútuas.

Estas cartas y nombramientos reales llegaron a Santa María poco después de la desgraciada expedición de Balboa a Dobayba;
Pedrarias, por cuyas manos pasaban siempre todas las cartas que llegaban de España,
al leer éstas, humillado por la decisión real
de rehabilitar a Balboa con menoscabo de
su autoridad y poder, sintiendo centuplicarse
con la rabia, la envidia y el odio que sentía

por Balboa, trató de ocultarlas y no conferir a Vasco Núñez sus nuevas dignidades, al menos por el momento; mas no atreviéndose a asumir por sí solo la responsabilidad de un acto tal de desobediencia y rebeldía al mandato real, reunió el Consejo de autoridades, buscando cómplices y pretexto para justifitar su felonía y darle apariencias legales.

Todos los consejeros aprobaron servilmente la decisión de Pedrarias, menos el obispo Quevedo, quien, sin ser amigo de Balboa, le admiraba y le apreciaba en cuanto valía. Llevado de estos sentimientos, expuso el prelado al Consejo, con claridad y entereza cuán desleal y a más peligroso, consideraba discutir y desobedecer las órdenes del rey y privar de sus recompensas a quien tanto había hecho para merecerlas, consiguiendo al fin, con su enérgica elocuencia, que prevaleciese su opinión. Unicamente, para complacer en lo posible a Pedrarias, se convino que se le entregarían inmediatamente a Vasco Núñez sus títulos, si bien exigiéndole la promesa de que no tomaría el mando de

sus provincias hasta que Pedrarias le auto-
rizase para ello.

Balboa, ébrio de orgullo y de alegría al ver
sus méritos reconocidos y premiados por el
soberano, aceptó de buen grado la condición
que se le imponía, prometiéndose probable-
mente aprovechar la primera coyuntura que
se le ofreciese para sacudirse la tutela a que
quería sujetarle Pedrarias. Pronto se arrepintió éste de haber cedido al influjo de Fray
Juan de Quevedo, y empezó a discurrir el medio de no tener que entregar nunca a Balboa
la dirección de las provincias que le había
confiado Don Fernando, y como el destino
de Balboa era estar siempre a merced de su
rival, no tardó éste en hallar ocasión propicia para destituirle y humillarle, encausán-
dole y dando por nulos los nombramientos
con que había sido honrado por el monarca.

Sucedió que poco antes de su rehabilitación,
desesperado Balboa por la situación enojosa
y humillante en que se encontraba, y comprendiendo que de Pedrarias y su gente sólo
podía esperar atropellos y vejaciones, había

9

decidido abandonar el Daríen, trasladarse con algunos adictos a las costas del Pacífico, y fundar en las orillas del golfo de San Miguel un poblado mixto de españoles e indios, que le sirviese de refugio seguro y de base de operaciones para emprender la conquista de aquel riquísimo país del litoral del Sur de que le habló por primera vez, en ocasión memorable, el hijo del cacique Comagro. A ese fin envió secretamente a Cuba a su fiel amigo Andrés Garabito, para que reclutase hombres y se proveyese de todo lo necesario para la ejecución de su proyecto. Al regresar, cumplido su encargo, Garabito, por precaución, ancló a alguna distancia del puerto y avisó a Vasco Núñez su llegada.

Supo Pedrarias, por confidencias, que un barco misterioso, cargado de hombres armados, cruzaba por aquellas aguas y se comunicaba secretamente con su rival, y supuso que se tramaba algún complot contra él. Mandó inmediatamente prender a Balboa, y aunque del proceso que se instruyó resultó con toda evidencia que las sospechas de Pedrarias eran infundadas, y tuvo que volver a poner en li-

bertad a Vasco Núñez; no le restituyó los
reales despachos que le había recogido al en-
causarle, alegando que sólo había sido absuelto por falta de pruebas de su sedicioso
y desleal proceder.

Consecuente con su sistema de explotar en
provecho propio las ideas y los planes de Balboa, organizó Pedrarias la segunda expedición al Mar del Sur, tal como aquél la había
proyectado, aconsejado por la experiencia;
pero sin contar con él para nada y encomen-
dando su ejecución a su pariente Gaspar Morales. Aunque con éste iba Pizarro, que ya
conocía aquellas tierras, por haber acompañado a Vasco Núñez en su primer viaje, y
aun cuando ambos dirigieron bastante bien
la empresa, ésta, que empezó bajo los mejores auspicios, tuvo un final desastroso. Atra-
vesaron el istmo por un camino más corto
y más fácil que el que había seguido Balboa;
se embarcaron en el golfo de San Miguel en
piraguas que les proporcionaron los indios
ribereños y tomaron tierra en el archipiélago
que el descubridor había denominado Islas
de las Perlas. Reconocidas éstas detenida-

mente y vencidos sus habitantes en varios
combates, regresaron al continente llevando
consigo un verdadero cargamento de perlas,
entre las cuales dicen que había una del ta-
maño de una nuez y de forma y oriente per-
fectos, que Morales regaló a la mujer de Pedrarias, y más tarde, dicha señora se la dió a
la emperatriz, esposa de Carlos V.

Al volver a cruzar el continente del Sur
al Norte, se vieron atacados por varios caciques que, irritados contra los españoles por
su conducta desleal y cruel, se habían coali-
gado, jurando luchar con los blancos hasta
vencer o morir. Y como eran muy pocos en
número y casi habían agotado las municiones
en las islas del Pacífico, no tuvieron más remedio que emprender la retirada, sufriendo
varias tremendas derrotas, en las que estuvieron a punto de perecer todos. Consiguieron, no obstante, llegar sanos y salvos a Santa María, llevando todo el botín recogido en
las islas y preciosos datos sobre las comarcas
recorridas, y especialmente sobre los ricos
países del Sur, con cuyo relato exacerbaron
los concupiscentes deseos de Pedrarias, y au-

mentaron las mortificaciones y sufrimientos
de Balboa.

Deseando aprovechar los descubrimientos
de Morales y Pizarro, el gobernador de la
Castilla de Oro envió, una tras otra, varias expediciones, que mal organizadas, y peor dirigidas, fracasaron todas ruidosamente.

Francisco Becerra, que se internó temera-
riamente por el país de Cenú, con ciento
ochenta hombres y tres cañones, pereció con
todos ellos a manos de los salvajes. Otro pequeño ejército fué también completamente
aniquilado por el cacique Tubanama, cuya
tropa llevaba por banderas las camisas en-
sangrentadas de los españoles muertos en
combates anteriores.

Tan repetidos y tremendos desastres llegaron a atemorizar a los habitantes de Santa
María, de tal modo, que apenas osaban ale-
jarse un centenar de pasos de la fortaleza o
ciudadela. A cada instante temían ver caer
una horda de indios sobre la ciudad y arrasar-
la como un torrente desbordado. Llegaron
hasta temer un ataque por mar. De noche,.
en los ruidos del bosque, creían escuchar el

rumor de los pasos del enemigo; de día, hasta las sombras de las nubes errantes sobre la alta hierba de la pradera, les parecían pelotones de indios. Acabaron por padecer verdadero delirio de persecución, y con él la consiguiente depresión y abatimiento. Como consecuencia natural de este estado de los ánimos, la colonia empezó a decaer y arruinarse rápidamente, con lo que el malestar y el descontento cundían cada vez más.

Un solo hombre había en Santa María que fuese capaz de poner término a tan angustiosa situación y remedio a tantos males; un solo hombre podía restablecer en el país la tranquilidad perdida, hacer que los colonos recobrasen la confianza en sus gobernantes y devolver a la colonia su paz y su prosperidad pasadas, y ese hombre tenía que permanecer cruzado de brazos, porque sus enemigos querían mantenerle inactivo para que no tuviese ocasiones de demostrar que valía cien veces más que ellos, y le sujetaban a una vigilancia depresiva y ridícula.

Fray Juan de Quevedo, que era el único tal vez (entre los nuevos funcionarios) que

apreciaba y reconocía los méritos de Vasco
Núñez, y que sin duda en su fuero interno
lamentaba ver caído en la desgracia a un
hombre de tanta valía, conociendo además
que la colonia estaba amenazada de una verdadera catástrofe si no se ponía mano al remedio con rapidez y energía, se decidió a
hablar a Pedrarias del asunto, con claridad
y entereza, sobre todo al ver que éste, cada
vez más ciego y ofuscado, encomendaba a
Tello Guzmán y Diego Albítez empresas que
únicamente Vasco Núñez podría intentar con
probabilidades de éxito feliz.

Intérprete fiel y elocuente de la opinión y
de los deseos de la colonia entera, censuró a
Pedrarias su obstinación en no utilizar los
servicios de Vasco Núñez, contra la expresa
voluntad del rey y el unánime sentir de los
españoles del Darién, haciéndole ver cuánto se perjudicaban con ello el bienestar de
la colonia y los intereses generales del reino,
y cómo, además, daba lugar a que todo el
mundo murmurase y a que el buen concepto
en que todos tenían a Balboa, redundase por
ende en daño y desprestigio del propio go-

bernador, que tan sin motivo ni fundamento
le perseguía y vejaba sin tregua, y acabó
aconsejándole que procediendo como quien
era, dominase con entereza y desinterés sus
pasiones y apetitos, cesase de inquietar y
maltratar a Vasco Núñez y le reintegrase
sin dilación en sus cargos y dignidades, obe-
deciendo de una vez las órdenes del soberano y acallando las protestas y quejas de
los colonos.

Apremiado con insistencia por el obispo,
acabó Pedrarias por confesarle que no tenía ningún odio ni rencor a Balboa, pero
que recordaba lo que éste había hecho en
otro tiempo con Enciso y con Nicuesa y temía que algún día quisiera hacer con él lo
mismo, y por eso procuraba, por todos los
medios posibles, tenerle humillado y suje-
to. Fray Juan de Quevedo, que acaso había
previsto esta respuesta, propuso entonces a
Pedrarias que, para conjurar ese riesgo, mucho mayor en su sentir mientras se mantu-
viese a Balboa en entredicho y fuera de la
legalidad, lo ligase a sí de un modo tal, que
viniendo a ser comunes y los mismos para

siempre los intereses de ambos, nada tuviese
que temer de él en lo sucesivo, teniendo, por
el contrario, en él, un adicto y sumiso aliado para todos sus planes, lo cual redundaría
en bien de todos, y podía llevarse a cabo fácilmente, ofreciendo Pedrarias a Vasco Núñez, al reconciliarse con él, para sellar solemnemente las paces y hacerlas firmes y
duraderas, la mano de su hija, doña María.

El consejo no podía ser más acertado, y
Pedrarias, reconociéndolo así, por más que
en rigor no fuera muy de su gusto, determinó
al cabo seguirlo al pié de la letra, dando encargo al mismo obispo para que tratase de
ello con Balboa.

No hay para qué decir que éste aceptó en
el acto la solución que se le ofrecía, contento
y reconocido, que juró gratitud y lealtad eter-
nas a su futuro suegro, y que desde el día
en que pública y pomposamente se celebraron
sus esponsales con la hija de Pedrarias y su
reconciliación con éste, todo ello con gran
júbilo y regocijo de la colonia entera, se con-
sagró en cuerpo y alma a restaurar en Santa

María el perdido bienestar y a devolverle su antiguo esplendor casi extinguido.

Pensando que lo más importante, por de pronto, era reanimar el espíritu abatido de los colonos con algún hecho de armas brillante que desvaneciese rápidamente sus inquietudes y temores y les hiciese concebir la esperanza de un porvenir fecundo y glorioso para el Daríen, y anhelando también desquitarse de la inacción en que había estado forzosamente tanto tiempo y de las humillaciones que había sufrido, viéndose postergado y obscurecido, propuso a Pedrarias que organizase una expedición náutica por el mar del Sur, para explorar sus islas y sus costas e ir ensanchando los dominios de España sobre el continente y que le confiase su dirección y mando.

Una gran dificultad, casi insuperable, ofrecía este proyecto de Balboa, y era que para navegar por el mar del Sur con alguna seguridad, internándose en alta mar, como proyectaba Balboa, no se podían utilizar las piraguas indias, únicas embarcaciones que entonces flotaban en aquel rincón del mar Pacífico, y no siendo fácil construir los barcos que necesitaban al llegar a las playas del océano, había que transportarlos allí desde el Atlántico, tarea titánica y poco menos que irrealizable, que Balboa, sin embargo, se propuso llevar a cabo.

Al efecto, se trasladó a Acla, puerto del Atlántico, para preparar en él todos los elementos componentes de sus futuras naves y enviarlos desde allí al golfo de San Miguel, atravesando el continente, sin asustarse por las dificultades que presentaba la ejecución de tan atrevido plan. Hizo edificar en lo alto de los Andes un refugio, y allí llevaron en procesión fatigosa e interminable las maderas cortadas y dispuestas para armar varias carabelas, multitud de indios y negros conducidos por algunos españoles.

Después de un largo descanso en el refugio, emprendieron el descenso por la vertiente opuesta, llegando por fin, tras mucho tiempo y trabajos y habiendo sufrido más bajas que en un encarnizado combate, a la parte navegable del curso del río de las Balsas, que desemboca en el Pacífico. Desgra-

ciadamente, la inexperiencia o el descuido
de los que eligieron las maderas, hicieron
infructuoso el enorme esfuerzo realizado para llevarlas de un mar a otro, pues cuando
los operarios empezaron a acoplarlas y en-
samblarlas, se encontraron con que en su
mayor parte estaban podridas y llenas de
gusanos.

Balboa, sin desanimarse, volvió a empezar,
haciendo que sus hombres derribasen y se-
rrasen una porción de árboles, escogidos cui-
dadosamente en el bosque en que habían
acampado, y que los más hábiles los corta-
sen copiando las piezas deterioradas, mientras él, con unos cuantos, más útiles para
el combate que para la construcción de naves, se dedicó a requisar y acaparar víveres
por aquellos contornos.

Pero cuando ya tenían preparada de nuevo
la madera necesaria, se desencadenó un fuerte temporal de aguas, efecto del cual el río
se desbordó y arrastró y destrozó todo el
material, ya dispuesto para la construcción
de las naves.

Por tercera vez volvieron los españoles,

in desmayar, a empezar el acopio de made-
as, y al fin, después de muchas contrarie-
ades y fatigas, logró Balboa ver dos ber-
antines anclados en el río de las Balsas y
n disposición de navegar bastante bien. In-
nediatamente se embarcó, y poco después
urcó triunfalmente el mar, que unos tres
ños antes había descubierto

Aquellos fueron los momentos más felices
le la vida de Balboa, que al frente de tres-
ientos soldados escogidos, adictos ciegamen-
e a su jefe y dispuestos a seguirle hasta el
in del mundo, dueño de aquellos dos navíos
· de otros dos en construcción, y contando
on el auxilio de todos los caciques vecinos,
os cuales no sólo le habían ofrecido suminis-
rarle cuantos víveres necesitase, sino tam-
nién acompañarle con sus mejores guerre-
os en la incursión que proyectaba por los
grandes reinos del Sur, se veía ya hollando
stos con su victoriosa planta y sometiéndo-
os con su espada al dominio de los reyes
le España, a quienes él representaría allí
on plenos poderes y libre de rivalidades y
utelas.

Después de un breve crucero por las costas inmediatas y de una corta estancia en las islas de las Perlas, regresó al río de las Balsas para madurar y preparar sus nuevos proyectos y esperar los refuerzos que había pedido a Pedrarias.

Cuenta Herrera que en este corto viaje, una noche que Vasco Núñez contemplaba pensativo el cielo, rodeado de algunos soldados, vió una estrella que le recordó cierta predicción que años atrás le hizo un astrólogo italiano llamado «micer Codro», y que consistía en que el día, o, mejor dicho, la noche, que viese aquella estrella en aquel sitio del cielo en que la estaba viendo y con aquellos destellos rojizos intermitentes que despedía en aquel instante, su vida se vería amenazada de un grandísimo peligro, y que si lograba escapar de él, su nombre llenaría el mundo y la fama le proclamaría como uno de sus hijos predilectos. Refirió Vasco entonces la profecía de «micer Codro» a los que con él estaban, y radiante de alegría y de orgullo, se burló donosamente de los astrólogos y de su

ciencia y de los que daban crédito a sus adi-
vinaciones. Seguro de sí mismo y creyendo
que la mala suerte se habría cansado ya de
perseguirle, nada recelaba ni temía, y sin
embargo, el horóscopo del adivino italiano
iba a cumplirse muy pronto.

VIII

Complot contra Balboa en Santa María.—Temores de Pedrarias y calumnias que forjaron los enemigos de Vasco Núñez.—Traición de Andrés Garabito.—Prisión, procesamiento y ejecución de Vasco Núñez de Balboa.

La reconciliación con Balboa no había sido sincera por parte de Pedrarias, que seguía envidiándole y temiéndole, y veía con disgusto y recelo el buen éxito que aquél alcanzaba en todo cuanto emprendía, y cómo a cada paso que daba en su brillante y glorioso camino se agigantaba su figura, tomando proporciones épicas y crecían a la par en progresión rapidísima su popularidad y su prestigio en el Darién, llegando a ser el ídolo

10

de la colonia entera, que veía en él su providencia y su natural y legítimo caudillo.

Así es que bien pronto se arrepintió de haber cedido por segunda vez a las sugestiones de Fray Juan de Quevedo, y formó el propósito de desembarazarse de Balboa en la primera oportunidad, y de una vez para siempre, antes que el descubridor del mar del Sur se adueñase por completo de la colonia y entrase en deseos de hacer con él algo semejante a lo que antaño hiciera con Enciso y con Nicuesa.

Pronto advirtieron los enemigos de Vasco Núñez este estado de ánimo del gobernador, y se dispusieron a sacar partido de él para saciar sus innobles deseos de venganza y aniquilar de una vez a aquel que tanto aborrecían. Enciso, Corral y Alonso de la Fuente, que eran los más enconados y tenaces, insinuaron solapadamente a Pedrarias la sospecha de que el Obispo era cómplice de Vasco Núñez, que había obrado de acuerdo con éste al dirigirse al gobernador para hablarle en su favor, y que ambos se proponían, secundados por otros traidores, sublevar la guarnición cuando Balboa regresase a Santa María, apoderarse de Pedrarias y de los que osaran defenderle y despojarle del gobierno y acaso de la vida, para hacerse dueños absolutos de la Castilla de Oro, que tal vez, en su loca ambición, aspirasen a sustraer también de la soberanía y dominio del rey.

A estos recelos de Pedrarias y a estas burdas calumnias de los enemigos del invicto jerezano, se vino a sumar la traición de un ingrato, protegido y confidente de éste, que con su infame y falsa declaración, decidió la suerte de su generoso favorecedor y confiado amigo, poniendo fin a los últimos escrúpulos y vacilaciones de Pedrarias y dándole pérfidamente, por vengar un agravio sin importancia, armas sobradas para consumar impunemente la perdición de su temido y odiado rival.

Fué este traidor Andrés Garabito, lugarteniente y hombre de confianza de Balboa, y una mujer, la causa de su villana conducta. Su intimidad con Balboa daba lugar a que viese con frecuencia y tratase con confianza a la hermosa hija de Careta, manceba de

aquél. Prendado de ella, se atrevió a corte-
jarla, y sorprendido en cierta ocasión por Balboa, éste le insultó y humilló con dureza en
presencia de la india. Ciego de cólera y des-
pecho, juró Garabito vengarse, y en el acto escribió secretamente a Pedrarias, manifestán-
dole que Balboa no pensaba casarse con su
hija, sino con la india que tenía en su compañía, que había fingido aceptar aquel honro-
so enlace para adormecer los justos recelos
del gobernador y tener así más libertad de
acción en la ejecución de sus planes, y que se
proponía declararse independiente, rebelán-
dose contra Pedrarias y contra el Rey, tan
pronto como estuviesen en disposición de
navegar los cuatro bergantines que estaba
construyendo.

Esta carta puso a Pedrarias fuera de sí,
porque de sobra comprendía que una vez
que el pendón de Castilla flotase en las aguas
del mar del Sur, no tardaría Balboa en descubrir y conquistar los maravillosos países
de sus costas, tan ponderados por los indios
por su grandeza y sus fabulosos tesoros, y recelaba, aun antes de recibir la falsa confiden-

cia de Garabito, que Balboa no quisiese someter a su jurisdicción los nuevos territorios y fundando en ellos, por su cuenta, una nueva colonia, mayor y más rica que la Castilla de Oro, le sobrepujase pronto en riqueza y poderío, perspectiva que no podían contemplar con calma su envidia y su soberbia.

Llegó por aquellos mismos días al campamento del río de las Balsas la errónea noticia de haber sido destituído Pedrarias y nombrado para reemplazarle en el gobierno del Darién don Lope de Sosa, y temiendo Balboa que de ser esto cierto pudiera el nuevo gobernador retirarle los poderes que le había dado Pedrarias, dispuso que Andrés Garabito fuese a Acla para enterarse. Si la noticia era falsa, recogería los refuerzos y provisiones que se habían pedido, y volvería con ellos sin precipitación; pero si era exacta, debería regresar a toda prisa para comunicársela a Vasco Núñez, y que éste, en vista de ello, decidiese qué actitud debía observar con respecto al nuevo gobernador.

Apenas llegó Garabito a Acla, fué detenido por orden de Pedrarias y minuciosamente interrogado. Como no deseaba otra cosa, confirmó el contenido de su carta, corroborándolo y ampliándolo con una porción de pormenores imaginarios sobre los proyectos de Vasco Núñez. Las declaraciones de Garabito fueron confirmadas por las de uno de los soldados que le acompañaban, el cual refirió que hallándose de centinela a la puerta del alojamiento de Vasco Núñez, oyó que éste les decía a sus oficiales Valderrábano, Botello y Hernán Muñoz, que era preciso embarcarse cuanto antes, para libertarse de la tiranía de Pedrarias y ser independientes y dueños únicos de las nuevas tierras que pensaban conquistar.

La noticia de la llegada y prisión de Garabito produjo en Santa María honda impresión. Los amigos de Balboa, aun comprendiendo que se trataba de una superchería y confiando en que sería fácil desvanecerla y poner la verdad en claro, juzgaron que era conveniente avisarle lo que ocurría, y uno de ellos, Hernández de Argüello, cometió la imprudencia de escribirle, aconsejándole que se hiciese a la mar sin perder momento y ofreciéndole recabar para él la protección de los frailes Jerónimos, omnipotentes entonces en España.

Esta indiscreta misiva cayó en poder de Pedrarias, quien fingió considerarla como prueba incontestable de la existencia de una conjura contra su autoridad, y en consecuencia, hizo arrestar a Argüello y despachó un mensaje a Vasco Núñez invitándole a reunírsele en Acla. Y como si temiera que Balboa se resistiese a obedecerle, o que tuviera cómplices en Santa María y estos pudiesen amotinarse en defensa de su jefe, concentró sus tropas y dió el mando de ellas a Francisco Pizarro, ordenándole que prendiese a Vasco Núñez donde quiera que le hallase.

En la isla de las Tortugas se hallaba éste cuando recibió la orden de Pedrarias, y sin sospechar la intención con que el gobernador le llamaba de aquel modo inesperado y urgente, dejó encomendados a Francisco Compañón sus barcos, dos de ellos todavía en construcción, y partió apresuradamente sin más compañía que la del mensajero que había ido a buscarle. Este, que llevaba la

consigna de no revelar a Vasco Núñez los
motivos ni el fin con que era llamado tan
apresuradamente por Pedrarias, guardó en
un principio absoluta reserva; pero ganado
después por el bondadoso y afable trato de
Balboa, tuvo compasión de él, se avergonzó
de tomar parte en la celada que se le preparaba y le comunicó a medias, con muchas
reticencias y subterfugios, los propósitos de
Pedrarias; pero tan tranquila tenía el descubridor la conciencia, que no hizo ningún caso
de estos embozados avisos, y siguió sin vacilar, su camino, confiado en su inocencia
y creyendo que apenas hablase con Pedrarias
desvanecería con facilidad sus recelos y le
demostraría de un modo cabal y evidente
que no había razón ni motivo alguno para
dudar de su lealtad.

A poca distancia de Acla le salió al encuentro Pizarro con algunos soldados para pren-
derle, y aunque no dejó de manifestar su
asombro y su indignación por tan injusta
y vejatoria medida, se entregó sin resistencia y entró en Acla cargado de cadenas y

rodeado por sus guardianes, como, si fuese un criminal de la peor especie.

Nada más infame y más odioso que el proceso formado a Vasco Núñez. Se le acusaba de un delito de rebelión, por haber intentado sustraerse, en unión de las tropas que tenía a su mando, a la legítima autoridad del gobernador de la Castilla de Oro, a cuyas órdenes estaba, por mandato real, y como Adelantado del mar del Sur que era, y de otro de lesa majestad por haber atentado contra los derechos de la Corona, pretendiendo despojar al rey de una parte de sus dominios, al arrogarse un poder personal e independiente sobre las provincias de las costas del mar del Sur, de las que él mismo, al descubrirlas años antes, había tomado posesión en nombre de los reyes de España.

Descansaba esta acusación tan sólo en las declaraciones de Garabito y del soldado antes mencionado, y en la torpe carta de Arguello, fundamentos bien pobres y deleznables, sobre los cuales, de buena fe, nadie habría osado sostener la imputación de tales crímenes a un hombre como Balboa. Las

malas pasiones de sus enemigos, la envidia
y el rencor de los que le temían y le odiaban y ansiaban verle caído para aniquilar-
le, sostuvieron la farsa por algún tiempo;
pero al fin sus jueces, entre los cuales logró
ocupar un puesto Fray Juan de Quevedo,
con el generoso deseo de hacer triunfar la
verdad y la justicia, no se atrevieron a con-
denarle, porque su inocencia resplandecía in-
maculada en todas y cada una de las *fojas*
del proceso.

Entonces Pedrarias, que no estaba dispuesto a soltar su presa tan fácilmente y que ni
siquiera se tomaba el trabajo de disimular
su parcialidad y apasionamiento contra su
futuro yerno, pasados los primeros momentos en los cuales fingió un profundo pesar y
un vivo deseo de salvarle, temeroso de vol-
verle a ver absuelto y libre, mandó abrir de
nuevo la causa que se le siguió en otro tiempo por la muerte de Nicuesa; nombró para
ella jueces extraordinarios, eliminando al obispo y eligiendo a los mayores adversarios de
Balboa, y excitó su celo, concitándoles a que
hiciesen justicia con severa rectitud y sin

reparar en la condición ni en los méritos
del acusado, porque cuanto más alto está un
criminal, mayor es su culpa y más bajo debe caer para expiarla.

El alcalde mayor, Gaspar Espinosa, se negó rotundamente a condenar a muerte a Balboa, pareciéndole que sería una iniquidad
y además un desacato al rey, pues aun en el
supuesto de que la hubiera merecido por la
desaparición y muerte de Diego Nicuesa, debía remitírsele necesariamente por los altos
y señalados servicios que había prestado después Así lo habían entendido el rey y su
Consejo de Indias al hacerle la merced de
nombrarle Adelantado del Mar del Sur, no
obstante estar informados de las acusaciones
que pesaban sobre él, y nadie debía ser tan
osado que contrariase lo dispuesto por el monarca. Y por último, la causa seguida en otro
tiempo sobre estos hechos había terminado
y fenecido con la libre absolución del inculp-
pado, y ya no era lícito ni justo volver sobre
ella.

Pedrarias hizo creer a Espinosa que se
proponía indultar a Balboa apenas fuese con-

denado, y que si deseaba que se le impusiese
la pena de muerte, era solamente para que-
brantar su soberbia y obligarle con el perdón
a ser en lo futuro más agradecido y sumiso,
y después de muchas dilaciones y aplazamien-
tos que hicieron durar el proceso cerca de
un año, logró que se pronunciara la inícua
sentencia, previa formal promesa de otorgar
acto continuo el perdón para todos los reos,
porque a la par que Balboa, fueron condena-
dos a muerte sus oficiales Valderrábano, Botello y Hernán Muñoz y su amigo Hernández
de Argüello, ya que no habiendo podido condenar a Balboa por la muerte de Nicuesa,
hubo de dictarse la pena que exigía Pedrarias
por la supuesta rebelión y usurpación de tierras pertenecientes al rey, en que los oficiales citados habían tomado parte activa y di-
recta y el último aparecía como cómplice.

Júzguese cuál sería el asombro de Espinosa cuando supo que Pedrarias, en vez de
cumplir su promesa, tan pronto como tuvo
en su poder la sentencia, ordenó su inmediata
ejecución, sin permitir siquiera que, ya que
él no lo otorgaba, se elevase al rey una pe-

lición de indulto, que estaban dispuestos a firmar todos los habitantes de Santa María, excepto los seis u ocho que, como Pedrarias, odiaban a Vasco Núñez y deseaban su muerte.

Desolado por haber contribuído a tan tremenda iniquidad, y lleno de horror y de piedad, se presentó a Pedrarias, acompañado por los demás jueces y el obispo, para hacerle ver cuán odioso y cruel era tratar con tan inusitado rigor a un hombre como Balboa, que si había cometido quizás algunas faltas, llevado de su carácter vehemente y arrojado, por las que merecía ser castigado, no ciertamente con tanta dureza, era, en cambio, acreedor a los mayores premios y consideraciones por sus heróicas hazañas y gloriosas empresas, y digno de ser tratado con benevolencia por la sencillez y bondad de su carácter.

Pedrarias se mantuvo inflexible; temiendo por su propia seguridad si perdonaba a Balboa, después de todo lo ocurrido, sólo contestó a las razones y súplicas de Espinosa y Quevedo, que Vasco Núñez merecía la muerte, y era preciso que la sufriese.

Los partidarios de Balboa estaban dispersos por el istmo y por las orillas del Pacífico, y nada sabían aún de la triste suerte de su caudillo. Además, Francisco Pizarro, dando ya muestras de la dureza y crueldad que más tarde habían de hacerle tristemente célebre en el Perú, montaba guardia de campamento con gran aparato de fuerzas, y hacía ver que estaba dispuesto a reprimir con mano firme cualquier intento de insurrección o de mera protesta. Nadie osaba, pues, alzar la voz, ni siquiera para mostrar piedad por los desgraciados reos, si bien en todos los semblantes, así de los españoles, como de los indios, se reflejaban claramente el dolor y la indignación.

La ejecución tuvo lugar aquella misma tarde (1) en la plaza pública de Acla. Un am-

---

(1) Fué ejecutado Vasco Núñez el 12 de enero de 1519, pues si bien Herrera asegura que le decapitaron en 1517, cuando tenía «cuarenta y dos años», la orden que dictó Pedrarias para la ejecución de la sentencia y que puede verse en la «Colección de documentos inéditos relativos al descubrimiento y conquista de América», de don Luis Torres de Mendoza, tomo XXXVII, lleva la fecha antedicha, y no cabe sospechar que en ese documento se

biente de abrumadora tristeza pesaba sobre aquellos hermosos lugares, de ordinario tan alegres. Diríase que el pueblo entero era conducido en masa al suplicio, o que se disponía a hacer penitencia en colectividad, agobiado por alguna gran calamidad pública. Muchos se alejaron del pueblo o se encerraron en sus casas para no presenciar el trágico suceso. Los que asistieron a él, callaban por miedo a Pizarro y a Pedrarias, y a duras penas reprimían su pena y su enojo.

Cerca ya del anochecer, fueron conducidos los reos al lugar mencionado, rodeados por una fuerte escolta y precedidos de un pregonero, que de trecho en trecho se detenía para leer en alta voz la sentencia dictada contra Balboa y sus compañeros, y después de cada lectura, gritaba:

—*Esta es la justicia que manda hacer el*

haya cometido ningún error de cómputo o de copia, porque en él se dice, incidentalmente, que «cuatro años y medio antes» había llegado Pedrarias al Daríen y sabido es que éste desembarcó en Santa María el 29 de junio de 1514.

*Rey, nuestro señor, y Pedrarias, su lugarte-
niente, en su nombre, a estos hombres, por
traidores y usurpadores de tierras pertenecientes a la Real Corona.*

Vasco Núñez, que marchaba el primero,
impasible y sereno, al llegar al pié del ca-
dalso, protestó con voz firme y clara contra
la calumnia de llamarle traidor; subió al ta-
blado con ademán resuelto y puso él mismo,
sin ayuda de nadie, el cuello sobre el tajo.
Rodó su cabeza al primer golpe, e inmediatamente fueron decapitados sobre el mismo tajo,
Valderrábano, Botello y Hernán Muñoz.

Faltaba todavía Argüello, también conde-
nado a muerte, a pesar de que sus culpas
se reducían a la carta que había escrito a
Balboa. Hubo alguien, tal vez Fray Juan de
Quevedo, acaso Gaspar Espinosa, que pidió
al gobernador en aquellos momentos que in-
dultase a este último reo, puesto que era no-
torio que no había tenido participación ninguna en la supuesta rebelión. Pero Pedrarias
se negó rotundamente, dando una prueba más

de su dureza de corazón y de su ferocidad sanguinaria.

Entretanto, se había hecho de noche, y a poco oyóse en las tinieblas un golpe seco y siniestro, que anunció a los espectadores que todo había terminado, pereciendo también a manos del verdugo aquella inocente víctima de su afecto a Balboa y de su imprudencia.

No satisfecho todavía Pedrarias, hizo que se expusiese la cabeza de Balboa al pueblo, clavada en una pica, por varios días, y confiscó todos sus bienes, si bien éstos tuvo que entregarlos poco después, por orden del rey, a los hermanos del descubridor, que eran sus únicos herederos.

Así acabó sus días, víctima de su propia grandeza, el gran descubridor del Océano Pacífico, gloria de España y orgullo de su ciudad natal, Jerez de los Caballeros, cuyo único crimen había sido, en rigor, la misma empresa que ha hecho inmortal su nombre, y por la cual hoy se apresta a rendirle home-

11

naje el mundo entero. Cayó cuando se disponía a acometer nuevas empresas para recoger el fruto de su descubrimiento, por haberse elevado demasiado sobre todos sus competidores y no haber sabido guardarse contra las bajas pasiones de éstos 'Al darle muerte, sus verdugos privaron a España de uno de los más esclarecidos conquistadores de América, y a la Castilla de Oro de su más firme sostén, del único que hubiera sabido guiarla rápida y derechamente a un próspero y brillante porvenir.

Aunque la muerte de Balboa fué considerada en España, lo mismo que en el Daríen, como un verdadero asesinato, su autor, no sólo no fué castigado, sino que merced a la protección del obispo Fonseca y de otros magnates, conservó su puesto y todas sus dignidades y siguió disfrutándolos impunemente y sin el menor contratiempo.

La historia ha sido la única vengadora del insigne aventurero, haciéndole plena justicia y escribiendo su nombre entre los de los héroes más geniales y al lado del de Cristóbal Colón, de quien Vasco Núñez de Balboa puede considerarse hermano gemelo, por la grandeza e importancia de su descubrimiento, por la energía y tenacidad que desplegó en sus empresas y por su fin desgraciado e inmerecido.

Jerez de los Caballeros —Mayo de 1913.

APÉNDICE BIBLIOGRÁFICO

Herrera.—Historia general de los hechos de los Castellanos en las Islas y Tierra firme del mar Océano, escrita por Antonio de Herrera, coronista mayor de S. M. de las Indias y su coronista de Castilla. En cuatro Décadas, desde el año de 1492, hasta el de 531.—En Madrid, en la Oficina Real de Nicolás Rodríguez Franco. Año de 1730.

Mártir. De orbe novo Decades.—Cartas dirigidas al Soberano Pontífice León X, por el historiador Pedro Mártir, de Milán, protonotario apostólico y consejero real. Versión francesa de P. Gaffarel.—París, 1882.

Navarrete.—Colección de los viajes y descubrimientos que hicieron por mar los españoles desde fines del siglo xv, con varios documentos inéditos concernientes a la historia de la marina castellana y de los establecimientos españoles de Indias. (Cartas de Vasco Núñez del Balboa al Rey, Don Fernando, de 21 de enero de 1513 y 16 de octubre de 1515.—Memoria presentada al Rey por Rodrigo de Colmenares, sobre la desgraciada expedición de Diego Nicuesa y sobre la colonización de la provincia de Uraba.—Relación de los sucesos de Pedrarias Dávila en las provincias de Tierra firme o Castilla del Oro, escrita por Andagoya, etc., etc., coordinada e ilustrada por don Martín Fernández de Navarrete.—Madrid, 1825.

Quintana.—*Vasco Núñez de Balboa.*— Colección de autores españoles de F. Rivadeneyra.—Tomo XIX.

Gaffarel.— *Núñez de Balboa.*— *La premiere traverseé de l'isthme americain,* par P. Gaffarel, Doyen de la Faculté des lettres de Dijón.—París, 1882.

Irving —Historia de los viajes y descubrimientos de los compañeros de Cristóbal Colón.—Versión francesa de Defaucoupret.

PANAMÁ Y ESPAÑA

EN HONOR DE NÚÑEZ DE BALBOA

He aquí el texto de la hermosa carta presentada a S. M. el Rey por el encargado de Negocios de la República de Panamá en Francia, don Julio A. Orillac.

«Belisario Porras, Presidente de la República, a S. M. Alfonso XIII, Rey de España.

»Grande y buen amigo: Al tener el alto honor de dirigirnos a V. M. para someter a vuestra consideración idea que liga la Patria nuestra al nombre del pueblo hidalgo de que sois el más caracterizado representante, es motivo de viva satisfacción para nosotros ofreceros nuestro entusiasta y amistoso saludo, con la más sincera protesta de aprecio del pueblo y gobierno panameños, para la noble Nación española y su ilustre Soberano.

»Entre las antiguas colonias españolas de América y la Metrópoli se han iniciado en los últimos años vigorosas corrientes de simpatía, que tienden a estrechar los vínculos de amor y solidaridad que suelen cultivarse entre pueblos de un mismo origen, que hablan la misma lengua y que por similitud de aspiraciones marchan por una misma ruta hacia las conquistas del porvenir. La República de Panamá acaba de dar una muestra de que participa de ese movimiento noble de acercamiento hacia España, y por medio de una ley, expedida por la Asamblea Nacional, ha decretado la glorificación del descubridor del mar del Sur en el IV centenario de aquel hecho histórico, que el genio ha brindado a las brillantes páginas de heroísmo de España.

»Esa ley de la Asamblea Nacional declara día de fiesta para la República el 25 de septiembre de 1913, dispone abrir un concurso para premiar la mejor composición lírica sobre el magno suceso del descubrimien-

to del Océano Pacífico, y ordena, para conmemorar de manera digna la hazaña del Adelantado Vasco Núñez de Balboa, se organice
una Exposición nacional, que deberá abrirse
en enero de 1914, y a la cual serán invitados
tanto la antigua madre Patria, como los países hermanos de este Continente. Oportu-
namente, y por e órlgano respectivo, recibirá
el Gobierno de V. M. la invitación para el
certamen, al cual anhelamos que no falte
España; pues se trata de una gran fiesta
de familia, en que a ella corresponde lugar
preeminente, por haber de conmemorarse un
hecho histórico que es timbre y blasón de
que puede y debe estar justamente orgullo-
sa la Nación española.

»Panamá, que ha dado el nombre de Balboa al punto desde donde debió descubrir
el intrépido español las aguas del Pacífico;
que distingue con el nombre de Balboa la
moneda nacional, y que ha fijado la efigie del
descubridor en los sellos de Correos, aspira,
además, a perpetuar en las edades la hazaña
del Adelantado por medio de una estatua
colosal, como la de la Libertad en Nueva

York, que destaque sobre las aguas del gran Océano el gesto histórico de su glorioso descubridor. Con este fin nos dirigimos principalmente a V. M. Deseamos que la estatua de Balboa se erija en Panamá, frente a la entrada del Canal, en sitio donde sea saludada eternamente por las banderas de todas las Naciones y por los hombres de todas las razas; y para que ella constituya algo así como un símbolo de solidaridad de la raza, aspiramos a que su coste sea cubierto por contribución voluntaria de españoles y latino-americanos. Y sería motivo de júbilo para nosotros encabezar esa suscripción con V. M., y asociados a vuestro nombre prestigioso, dirigir una excitación, sobre la realización de este pensamiento, a los pueblos y Gobiernos de los países latinos de América.   }

Esperamos con patriótico desinterés la contestación de V. M., para dar pública expansión a nuestro propósito de conmemorar dignamente la gloriosa empresa del descubridor del Pacífico.

»Son nuestros mejores votos por vuestra

ventura y por la de vuestra augusta familia, y por la prosperidad de la noble y querida madre Patria España.

»Grande y buen amigo.

»Vuestro grande y buen amigo, *Belisario Porras.—*Refrendada.—*Ernesto T. Lefévre.*

»Palacio Nacional.—Panamá, 31 de enero de 1913.»

EL MONUMENTO A BALBOA EN EL
CANAL DE PANAMA

En la sesión últimamente celebrada en Madrid por el centro de cultura hispano-americana, el ilustre representante de la República Dominicana, señor don Enrique Deschamps, llamó la atención hacia la hermosísica carta dirigida por el presidente de la República de Panamá, señor Porras, a Su Majestad el Rey de España, solicitando la concurrencia de nuestro país a la Exposición con que el Panamá va a celebrar la inauguración del Canal y proponiendo erigir junto a la entrada de éste un monumento colosal, semejante a la estatua de la Libertad en el puerto de Nueva York, y que represente al descubridor del mar del Sur, Vasco Núñez de Balboa a la entrada de la vía acuática que ha de poner en comunicación los dos Océanos y donde podrá ser saludada por los buques de todas las naciones del mundo que crucen en lo sucesivo aquellas aguas.

En su virtud, el digno representante de la República Dominicana propuso: primero, que el Centro de Cultura hispano-americana manifestara su conformidad y adhesión a cuanto se exponía en la carta dirigida por el presidente de la República de Panamá a Su Majestad el Rey de España; segundo, que el mensaje dirigido al señor Porras, y en el que se manifestase esta adhesión, fuera redactado por la señora doña Blanca de los Ríos, y tercero, que inmediatamente se iniciase, por el mismo Centro, una suscripción voluntaria cuyo producto se remitiera al señor Presidente de la República de Panamá para contribuir a la erección del grandioso monumento a Vasco Núñez de Balboa. En esta suscripción no se había de considerar la cuantía, sino el número de contribuyentes.

Tanto la lectura de la carta del presidente

de la República de Panamá, como las elocuentísimas frases del señor Deschamps, produjeron en la concurrencia un efecto indescriptible. Por aclamación, y en medio del mayor entusiasmo, fueron aprobados todos los extremos de la proposición del insigne dominicano, felicitándose el presidente del Centro, señor Palomo, en un magnífico discurso, de que hubiese sido un ilustre hispano-americano el que hubiese tomado iniciativa en el asunto, mostrando en muchísimos interesantes detalles el afecto e inclinación cada vez más crecientes de los países de la América latina hacia la vieja España.

El maestro Bretón, el señor Novo y Colson, el conde de Casa Segovia, el general de la Armada, don Gayo Puga y otros señores pronunciaron también hermosas frases saludando al señor Deschamps y apoyando su idea.

*

Con el título «El descubrimiento del Pacífico», publicó la Prensa de Madrid la siguiente información el 22 de julio de 1913:

«La República de Panamá, una de las que con mayor fervor conservan y cultivan en América el amor a la madre patria España, concibió la hermosísima iniciativa, decretada en forma de ley por aquella Asamblea Nacional, de conmemorar solemnemente el cuarto centenario del descubrimiento del Pacífico, declarando fiesta nacional el 25 de septiembre de 1913, organizando una Exposición, que se inaugurará en enero del 14, a la cual serán invitados España, con todos los países hermanos del Continente, y glorificando al heróico Adelantado Vasco Núñez de Balboa, autor de la grandiosa hazaña, erigiéndole una monumental estatua, como la de la Libertad en Nueva York, «frente a la entrada del Canal, en sitio donde sea saludada eternamente por las banderas de todas las naciones y por los hombres de todas las razas».

Y nuestro benemérito Centro de Cultura Hispano-Americana, que con tanto acierto e inteligencia preside el senador don Luis Palomo, después de contestar con una entusiasta carta a la notabilísima del general Porras, presidente de Panamá, comunicando el acuerdo, tomó el de dirigir, por su parte, una circular a todos los alcaldes de España solicitando su patriótico concurso para la realización de la genial idea, pero en una forma práctica y sumamente original; la circular, publicada ya, llegará a los alcaldes por conducto de los gobernadores respectivos, y a éstos por el ministro de la Gobernación, que presta a la idea todo género de facilidades. Los alcaldes abrirán las suscripciones correspondientes en cada localidad, y remitirán el producto a los gobernadores, y éstos al Banco Hispano-Americano, que girará los fondos directamente al general Porras, sin más que expedir aquí los recibos y, dar cuenta de los envíos al ministro y al Centro; de modo que éstos no tendrán intervención alguna en el dinero, sino sólo en procurar la mayor suma posible y en que llegue íntegra a su destino.

Felicitamos al pueblo hermano de Panamá por su grandiosa idea, y al Centro de Cultura Hispano-Americana, por la brillante manera que ha tenido de secundarla, esperando que España entera, dignamente representada por sus dignísimas autoridades populares, sabrá comprenderla y completarle con su adhesión e incondicional apoyo, cual cumple a un pueblo hidalgo, consciente de sus glorias y deberes internacionales.»

EN JEREZ DE LOS CABALLEROS

En esta hermosa e hidalga ciudad extremeña, en que vió la luz el intrépido navegante y genial descubridor del Mar del Sur, a quien el mundo entero se apresta a rendir homenaje con motivo del cuarto centenario de la fecha en que el éxito coronó su grandiosa hazaña, el nombre de Vasco Núñez es popular y simpático hasta entre las gentes más humildes e ignorantes. Indudablemente habrá muchos jerezanos que no sepan quién fué Vasco Núñez, ni cuáles fueron sus proezas, que ignorarán en absoluto los motivos de su fama universal y los hechos que le hicieron acreedor a la admiración y la gratitud del mundo entero; pero aun esos pronuncian su nombre con admiración y respeto, con cierta veneración familiar y cariñosa. Para ellos es Vasco Núñez un personaje legendario y mítico que se presenta ante sus imaginaciones con el prestigio de lo remoto y fabuloso, como uno de esos héroes que cantan y ensalzan los viejos romances castellanos y los primitivos poemas épicos de todas las razas y naciones y en el cual ven personificadas las grandezas históricas de la madre patria y los timbres de gloria de su propia ciudad, la ejecutoria de nobleza de la raza, la genuina representación de la España hidalga y caballeresca de antaño.

Y como saben que nació en Jerez, circunstancia que hasta ahora nadie había puesto en tela de juicio, le consideran como cosa propia y le consagran buena parte de su ferviente amor a la patria chica, le miran como a hermano privilegiado y predilecto y se enorgullecen con su grandeza, como si a todos les alcanzase personalmente algo de ella.

Huelga decir que hay también aquí muchas personas distinguidas y cultas, para quienes la figura de Balboa, sus épicas hazañas y las vicisitudes todas de su vida son familiares, como la historia entera de España y la de esta linajuda ciudad, y que, por tanto, le admiran con pleno conocimiento de causa y con un fervor patriótico mucho más consciente y justificado que el de aquéllos.

Y sin embargo de todo lo dicho, por una serie de circunstancias ajenas a la buena voluntad y constantes deseos de este pueblo, por motivos que no es esta la ocasión de analizar, Vasco Núñez no ha tenido, hasta la hora presente, en esta ciudad, un monumento conmemorativo digno de ambos.

Un modestísimo busto de barro, que era preciso creer que representaba al descubridor del Pacífico, porque así lo aseguraban los que tenían algún fundamento para saberlo, se erguía sobre el arco que daba entrada a la población por la calle de San Agustín; pero derribado éste recientemente, con él cayó también la presunta efigie de Balboa, y hoy no hay en Jerez más muestra de que sus paisanos no le han echado en olvido y

le tienen en algo, que el rótulo de una de
las calles principales, y aun ésto apenas si
es efectivo, pues usualmente se da a esa calle el nombre de calle de Abajo, por contra-
posición a la de los Templarios, que paralela
a ella, y situada en un plano más elevado
es llamada por todos calle de Arriba.

Con motivo de la celebración del cuarto
centenario del descubrimiento del Pacífico,
se pensó desde luego en remediar esta omi-
sión del modo más cumplido y cabal que
fuese posible, y al efecto, por iniciativa del
señor Alcalde Presidente del Ayuntamiento
don Máximo Lozano, se convocó una junta
de mayores contribuyentes y otras conspí-
cuas personalidades para que en unión del
Concejo deliberasen sobre el asunto y de-
terminasen la forma más conveniente de llevar a cabo el proyecto de elevar una estatua
a Vasco Núñez de Balboa en esta ciudad y
de celebrar solemnes festejos públicos al inau-
gurarla en la fecha del referido centenario.

Dicha junta, después de celebrar varias
reuniones, decidió elegir de su seno una Comisión ejecutiva que, a más de resolver todo

lo relativo a la estatua del navegante jerezano y su emplazamiento, procurase allegar recursos para su ejecución, pues el Ayuntamiento no podía tomar sobre sí esa carga,
por carecer de consignación adecuada a tal
fin en su presupuesto y de fondos legalmente
aplicables al mismo.

Para formar dicha comisión fueron desig-
nados don Máximo Lozano Rodríguez, Alcalde de esta ciudad, como presidente, y como
vocales, don José Rubio Ferrera, Arcipreste
y Párroco de San Miguel, el señor Marqués
de Rianzuela y don Modesto García Naha-
rro, propietarios; don Juan Salguero Ramos,
industrial, y don Miguel Pérez Cerrada, con-
cejal; nombrándose Secretario de la misma
a don Antonio Miguel Pérez, maestro de Ins-
trucción primaria.

Esta Comisión, preocupándose ante todo
de obtener los medios indispensables para
cumplir su cometido, se dirigió a los Poderes públicos en demanda de auxilio pecu-
niario (que hasta la fecha no ha conseguido), y dirigió al pueblo la siguiente alocu-
ción, pidiendo a todos los jerezanos que con-

tribuyesen con algo a la erección del monumento con que se pretendía honrar la memoria del más insigne hijo de esta ciudad

Al pueblo de Jerez con motivo del IV Centenario de Vasco Núñez de Balboa

Próximo a inaugurase el canal de Panamá, gigantesca obra mostrativa del poderoso vigor que alienta a los norte-americanos, obra que, al unir el Atlántico con el Pacífico, realizará el pensamiento de los españoles, primeros exploradores de aquellas tierras y aquellos mares, los Estados-Unidos, queriendo honorificar dignamente al descubridor del Mar del Sur, el preclaro hijo de esta noble ciudad, Vasco Núñez de Balboa, celebrará espléndidas y múltiples fiestas en honor del héroe jerezano, y llamará *Día de Balboa* al de la inauguración del famoso canal

Los españoles residentes en América, haciéndose eco de tan nobles iniciativas, coadyuvarán patrióticamente con su esfuerzo a realizar el esplendor de estas elevadas demostraciones de admiración y gratitud a la memoria de un hombre ilustre.

Ya también aquí en España, la Academia de la Historia, la Sociedad Hispano-Americana y otras entidades científicas, realizan trabajos encaminados al mismo fin.

¿Y hemos de ser menos nosotros, los más honrados con el honor de nuestro ilustre compatriota?

No, que el pueblo jerezano nunca se dejó vencer en pugilatos de nobleza. El sabe que «quien no es agradecido no es bien nacido.»

Mucho tiempo hace que tiene contraída inmensa deuda de gratitud con el que, siendo acabado modelo de hidalgos y de capitanes, es gloria de su patria y suprema honra de este pueblo.

Nadie, en efecto, con más justo título que Balboa podrá ostentar en su escudo de armas los heráldicos emblemas de nobleza, de valor y de glorioso martirio. Nobleza hereditaria e ingénita testimoniada en todos los actos de su vida, valor, siempre rayano en heroísmo manifestado en hazañas de tal naturaleza que, en expresión de Irvins, «solamente españoles y guiados por Balboa, fueran capaces de realizar», martirio glorioso, como el de todos los que, sublimándose por sus méritos, espolean la envidia y se hacen blanco de sus tiros.

El pueblo de Jerez, la región Extremeña, España entera, no deben permanecer impasibles cuando tan justamente se trata de premiar a un Español. Esto sería deprimente y vergonzoso. «El agradecimiento es la memoria del corazón»; y si nuestro corazón, por atávica indolencia, ha sufrido el adormecimiento de varios siglos, olvidando la sagrada deuda que el más ilustre hijo de Jérez por medio de un pueblo extraño nos reclama, muy justo y noble será que al despertar de su profundo letargo, reconozca públicamente la deuda, y públicamente también haga por enjugarla.

Así pues, que ni un solo jerezano quéde sin aportar su óbulo al monumento que se ha de erigir a Vasco Núñez de Balboa, para honrar y perpetuar las hazañas de este héroe y el reconocimiento y admiración que por él sienten sus paisanos.

Si lo hacemos así, habremos escrito una hermosa página en la historia de nuestra Ciudad, y recibiremos en galardón el agradecimiento de todo el mundo civilizado, que nunca regatea sus aplausos a los pueblos que aman sus instituciones, guardan sus recuerdos y sienten rebullir las iniciativas de su alma.

LA COMISIÓN ORGANIZADORA.

Jérez de los Caballeros y Marzo de 1913.

En vista del satisfactorio resultado obtenido con la suscripción popular abierta, pues en poco tiempo se recaudaron más de ocho mil pesetas, la Comisión ejecutiva pasó a determinar el emplazamiento que había de darse al monumento, y en su consecuencia, en 30 de abril próximo pasado se solicitó del Ayuntamiento por el señor Lozano, como presidente de la Comisión ejecutiva, permiso para reformar y urbanizar convenientemente el sitio denominado *Fuente de Caballos,* transformándole en una plaza-paseo que habrá de llevar el nombre de Vasco Núñez, y, en la que se emplazará el monumento al mismo, sobre el cual nada hay resuelto todavía definitivamente.

Dada cuenta en sesión de 1.º de mayo, el Ayuntamiento concedió el permiso solicitado y en seguida se empezaron las obras, hallándose ya hoy bastante adelantadas.

Para el día de la inauguración se preparan grandes festejos públicos, siendo el principal el acto solemne de descubrir el monumento, con asistencia de las Autoridades y Corporaciones oficiales, de los niños de las

Escuelas públicas, que cantarán un himno
a Vasco Núñez y a la fraternidad hispano-
americana y de otras entidades locales, así
como de algunas comisiones que se espera
envíen las Corporaciones y Centros de otras
ciudades que han sido invitadas al acto. En
él pronunciará el señor Lozano, como Alcalde y como Presidente de la Comisión ejecutiva del monumento y de las fiestas del
centenario, un discurso en honor de Balboa
y del pueblo jerezano, y dará las gracias públicamente, como desde aquí me encarga que
las dé ahora, a cuantas personas hayan contribuído con su óbolo o su colaboración personal a que se erija en Jerez de los Caballeros un monumento que, aunque destina-
do a perpetuar y enaltecer la memoria de
Vasco Núñez de Balboa en su ciudad natal,
no por eso dejará de servir también, indirec-
tamente, para evidenciar la cultura y los
elevados sentimientos de los jerezanos de
hoy, que cifran su orgullo, legítimo y noble,
en llamarse compatricios de aquel gran héroe.

Como modesto complemento de ese monumento y de esas fiestas, se ha escrito el presente libro.

Si alcanzase a realizar, siquiera en parte, el propósito que le ha inspirado de divulgar la vida y hechos de Vasco Núñez de Balboa entre aquellos jerezanos que los ignoran y a quienes me refería antes, haciéndoles admirar mejor a su ilustre paisano y venerar más todavía su memoria, se habrán cumplido con creces las aspiraciones de

EL AUTOR.

INDICE

BIBLIOLIFE

Old Books Deserve a New Life
www.bibliolife.com

Did you know that you can get most of our titles in our trademark **EasyScript**™ print format? **EasyScript**™ provides readers with a larger than average typeface, for a reading experience that's easier on the eyes.

Did you know that we have an ever-growing collection of books in many languages?

Order online:
www.bibliolife.com/store

Or to exclusively browse our **EasyScript**™ collection:
www.bibliogrande.com

At BiblioLife, we aim to make knowledge more accessible by making thousands of titles available to you – quickly and affordably.

Contact us:
BiblioLife
PO Box 21206
Charleston, SC 29413

1997521R00102

Printed in Great Britain
by Amazon.co.uk, Ltd.,
Marston Gate.